德国与法国职业技术教育与培训体系的特点及比较优势

Deguo yu Faguo Zhiye Jishu Jiaoyu yu
Peixun Tixi de Tedian ji Bijiao Youshi

赵长兴　著

高等教育出版社·北京

内容简介

　　德国和法国是历史悠久的发达国家，两国的现代职业教育随着工业化的不断深入经历了漫长曲折的发展历程，建立起各具代表性和引领性的制度和模式。本书立足于职业教育的历史发展进程，从职业教育的文化历史、体系结构、运行模式、法律法规、经费投入、资格框架等方面，对德国和法国的职业教育体系的特点和优势进行了全面阐述，并在对两国职业教育发展现状和问题进行对比分析的基础上，总结了它们的重要经验和有益启示。

　　本书结构清晰、论述充分、视角独特、资料翔实，可为从事职业教育的教学工作者、管理者和研究者提供学术参考，也可为有意了解职业教育，特别是欧洲国家职业教育的其他读者提供帮助。

图书在版编目（CIP）数据

德国与法国职业技术教育与培训体系的特点及比较优势 / 赵长兴著. -- 北京：高等教育出版社，2022.1
　　ISBN 978-7-04-057589-7

　　Ⅰ.①德… Ⅱ.①赵… Ⅲ.①职业技术教育-对比研究-德国、法国 Ⅳ.①G719.516②G719.565

中国版本图书馆 CIP 数据核字（2021）第 267135 号

| 策划编辑 李易明 | 责任编辑 李易明 | 封面设计 张 楠 | 版式设计 杨 树 |
| 插图绘制 李沛蓉 | 责任校对 胡美萍 | 责任印制 赵义民 | |

出版发行	高等教育出版社	网　址	http://www.hep.edu.cn
社　址	北京市西城区德外大街4号		http://www.hep.com.cn
邮政编码	100120	网上订购	http://www.hepmall.com.cn
印　刷	北京中科印刷有限公司		http://www.hepmall.com
开　本	787mm×1092mm　1/16		http://www.hepmall.cn
印　张	10.5		
字　数	120 千字	版　次	2022 年 1 月第 1 版
购书热线	010-58581118	印　次	2022 年 1 月第 1 次印刷
咨询电话	400-810-0598	定　价	36.50 元

本书如有缺页、倒页、脱页等质量问题，请到所购图书销售部门联系调换
版权所有　侵权必究
物料号　57589-00

序

　　国家的兴盛和繁荣离不开知识和技能，知识和技能是实现科技创新、提高生产力、推动社会进步、确保经济可持续增长的基础，而职业技术的教育与培训又是产生新知识和新技能，在国际竞争中取得成功的源泉。

　　1842 年，著名作家维克多·雨果在《莱茵河》一文中写道："法国与德国是欧洲的主体，德国是心脏，法国是大脑。"

　　德国和法国是世界综合实力强国。德国技术不断革新升级，引领世界工业经济；法国工业和服务业并重，保持优势产业的领先地位。在职业技术教育与培训方面，德国和法国分别引领着以行会为主导和以政府为主导的两大基本模式。

　　德国创立了令欧洲各国羡慕的双元制职业教育模式，接受职业教育的学生从校园走向职场的途径顺畅，教育转化为技能的直接成果显著，青年就业率高。法国的全日制职业教育模式历史积淀深厚，通过丰富的教学资源、强大的师资力量和充满活力的教学方式，培育了无数具有过硬技能的青年工人。

　　人们对德、法两国职业教育领域还比较陌生，对其中的很多方面存在疑惑。例如，为什么德国的企业愿意出资举办职业教育，而不担心学徒跳槽？为什么德国的各州行会能够确保其职业证书教育的含金量？为什么法国的企业愿意举办学徒制实践教育，这与德国的职教模式有何不同？为什么法国实行多年的学徒税和企业奖励制度能够保障学徒制实践教育的开展？为什么法国教育部门掌握着包括高中职业证书和大专职业证书在内的所有职业证书和学历教育证书的主导权？德、法两国参加学徒制职业教育的学校与行业企业如何确保各自教学质量？德、法两国最好的职业高中和技术学院有哪些强势专业？等等。本书对很多相关问题进行了思考和分析。

　　我在担任联合国教科文组织执行局主席以及国际教育规划研究

所理事会成员期间与本书作者有过工作往来。作者曾从事教育外交工作，长期研究国际教育政策和欧洲国家教育问题，对国际职业教育有着独到见解。

职业教育关系国家未来，肩负重大使命，在诸多方面还可以做得更好。

章新胜

2021 年 6 月

前　言

　　现代职业技术教育与培训（以下简称"职业教育"）最早产生于第二次工业革命时期的德国、英国、法国等西方资本主义国家，后来逐渐传入欧洲和亚洲其他国家和地区。工业革命的完成和科学技术的巨大进步，使人类社会从物质领域到精神领域都发生了深刻的变化。劳动力不停地努力改造自己，以适应经济社会发展对人的要求。各种不同类型的职业教育模式便应运而生，互学互鉴成为各国提升劳动人口竞争力、推动社会进步的重要途径。

　　中国职业教育发展历程较短，体制构架、管理方式和师资水平等均有待提高与完善。目前我国正处于发展职业教育最好时期，亟须借鉴他国成功经验，尽快构建符合中国国情、具有中国特色、满足社会对高素质技术技能人才需求的现代职业教育体系。

　　德国与法国是当今世界职业教育两大强国，实行着不同的职业教育体制，对我国职业教育发展有所启示。例如，德国引领着带有浓厚学徒色彩的"双元制职业教育"模式，法国则实行着灵活多样的"全日制＋学徒制职业教育"模式。德、法两国的中等职业教育仍继续保持占全部中等教育的近一半的规模，凸显了两国对中等职业教育的高度重视。这些政策对于强化中等职业教育的基础地位具有重要的借鉴意义。

　　近年来，党和国家高度重视我国职业教育的发展，明确了职业教育对全面建设社会主义现代化国家的重要意义。习近平总书记多次在不同场合对职业教育工作做出重要指示。加强对职业教育发展问题的学术研究，对于提升我国职业教育水平至关重要。多年来，学界对德国、法国的职业教育体系研究更多地侧重国别研究，而比较研究不够充分，难以综合判断两国不同职业教育体系和模式的独到优势，无法厘清哪些元素不宜复制、哪些方法可以试验、哪些经验可以借鉴。只有对两者进行比较研究，才能凸显各自的特点和发展潜力。职业教育比较研究难度较大，我国学术界在该领域的研究经验不足。本人曾长期担任中华人民共和国常驻巴黎联合国教科文组织的外交官，负责教育事务，在法国工作和学习16年之久，对国际教育有一定的了解和研究。此外，本人在"教育部职业教育中心研究所2017年度公益基金"的资助下，在国内职业教育战线以及我国部分驻外使馆教育处的同事和朋友的帮助下，对德、法两国职业教育进行了探索性的比较研究，取得了一定的学术成果，为本书的写作奠定了基础。

本书梳理了德、法两国职业教育体系和特点，并做了对比分析，有助于读者更全面、清晰地了解两国的职业教育历史及发展现状，同时为进一步建设中国的现代职业教育体系提供可行性参考。由于篇幅限制，本书不对两国的政治体制、经济水平、劳动市场、人口素质等方面情况做过多介绍，而以职业教育为中心，侧重阐述两国职业教育的文化历史、体系机制、相关立法、经费投入、资格框架等方面的突出特点，并结合2019年我国推出的《国家职业教育改革实施方案》的部分内容，提出德、法两国经验对我国职业教育发展的重要启示。

对教育领域问题的研究难以脱离教育公平、公私立教育选择等重要问题。本书也试图通过对职业教育体系和模式的梳理，分析职业教育的一个社会功能，即职业教育，特别是优质的职业教育对于帮助减少教育不公平的社会状况的作用。

希望读者能够从本书中获取新的有用信息。

赵长兴
2021年2月

目　录

导论　职业教育的概念及起源　　　　　　　　　　　1

第一章　德国职业教育体系　　　　　　　　　　　　10

　第一节　德国近现代职业教育的历史发展　　　　　10

　第二节　德国现代教育体系中的职业教育　　　　　13

　第三节　德国主导职业教育的双元制职业教育　　　20

　第四节　德国职业教育法规　　　　　　　　　　　29

　第五节　德国国家资格框架和职业资格证书　　　　32

　第六节　德国职业教育的经费　　　　　　　　　　36

　第七节　德国职业教育的师资与生源　　　　　　　40

　第八节　德国职业教育的改革发展　　　　　　　　45

第二章　法国职业教育体系　　　　　　　　　　　　49

　第一节　法国近现代职业教育的历史发展　　　　　49

　第二节　法国现代教育体系中的职业教育　　　　　52

　第三节　法国的全日制 + 学徒制职业教育体系　　　56

　第四节　法国职业教育的法规　　　　　　　　　　69

　第五节　法国国家资格框架和职业资格证书　　　　73

　第六节　法国职业教育的经费　　　　　　　　　　79

　第七节　法国职业教育的教师资格与学生分流　　　81

　第八节　法国职业教育的改革发展　　　　　　　　85

第三章　德国与法国职业教育的特点及比较　　　　　**90**

　　第一节　德国职业教育的几个突出特点　　　90

　　第二节　法国职业教育的几个突出特点　　　98

　　第三节　德国与法国职业教育的主要异同　　103

结语　德法两国职业教育体系的若干启示　　　**133**

附录一　德国和法国优质职业学校专业及排名　　**141**

附录二　部分专有名词对应的外文（外文略缩语）　　**148**

参考文献　　　**149**

后记　　　**156**

导论　职业教育的概念及起源

一、职业教育的概念

职业教育自诞生以来就出现了众多不同的称谓，如学徒培训、技术教育、职业和技术教育、工人教育、劳工职业教育，等等。而现今较被国际社会接受的称谓为"职业技术教育与培训"。这一名称最早于 2001 年由负责世界教育、科学和文化事务的联合国教科文组织确立。当时，位于德国柏林的联合国教科文组织直属机构——国际职业技术教育与培训中心和德国政府有关部门在起草联合国教科文组织执行局会议的有关决议时使用了该名称，该名称后被批准写入正式的文件中。

联合国教科文组织对"职业技术教育与培训"的定义为"让学生不仅接受一般文化教育，还学习技术和相关科学，掌握与经济和社会生活各部门从业者相关的实用技能、能力、理解力和知识的各方面教育过程"[①]。亦即谓，这类教育旨在获取职场知识和能力的教育与培训，它涵盖了各级各类职业教育。维基百科对"职业教育"的狭义解释也聚焦于职场的知识和能力，它的定义是"在中学或大学阶段与职场相关联的、能够获得一个职业领域

[①] UNESCO, "Revised Recommendation concerning Technical and Vocational Education (2001)", *UNESCO*, 2001.

的知识和能力的技术教育"。

在职业、技术、教育与培训四大要素中，"教育"与"培训"两个词汇紧密相连。两者在德国与法国等欧洲国家的语境中存在着细微区别，或分别使用，或并联使用，或是作同义词使用。例如，用词严谨的法语有4种以上的词汇表达"教育"含义，法国200年前设立教育部时使用的是"instruction（学校训诫），后来改用"education"（全面教导），而目前高等教育部则使用"enseignement"（学校教学），学校的许多方面使用"formation"（侧重知识的应用和技能教育）。

在欧洲的中等教育体系中，高中阶段开始的教育实践课程较多，这种教育重视学生技能的获得，因此高中阶段的教育活动常常被称作"培训""教育与培训"或"技能培训"。对于德、法中等职业教育学校，"教育"一词更多地被"培训"（ausbildung/formation）一词替代。"培训"一词在德国和法国教育体系中被广泛使用，而绝非劳动部门的专属。比如，著名的德国《联邦职业培训法》，虽然有人将之翻译成《联邦职业教育法》，但这里"教育"一词实际更多地表达"培训"之意。德国把培训当作全社会的重要任务，一半的高中生有三分之二的时间是在企业和行会接受深度培训。虽然"培训"一词在德法普遍使用，但本书为了适应我国的文字使用习惯，将"职业技术教育与培训"简称为"职业教育"。

德国与法国的职业教育都包括"初始职业教育"和"继续职业教育"，它们都是终身教育的组成部分。至于职业教育的主体，它随着时间推移和社会进步发生变化。从最近几十年的发展来看，职业教育的主体主要处于高中阶段。德国与法国均把中等教育阶段的职业教育作为主体。

法国的职业教育已经从初中上升到高中阶段，职业教育成为学生进入高中教育阶段后分流的一个选择（三个选择分别为普通高中、技术高中和职业高中，前两个以毕业后升入大学为目的，后一个以毕业后就业为主要目的）。

德国的职业教育的主体虽然属于中学教育的第二阶段，但在中学教育的第一阶段，学生就开始面临选择普通教育和职业教育的分流，其职业教育范围涵盖了从"职业教育预备""职业教育""继续职业教育"到"职业改行教育"这四个职业教育相关阶段所涉及的全部内容。其中"职业教育预备""职业教育"属于初始职业教育，即从中等职业教育阶段到获得职业资格后参加就业或取得高等教育入学资格之前。

国际社会十分重视职业教育的发展。2015年9月，联合国大会第七十届会议通过了规划人类未来15年要实现的17项可持续发展目标的《2030年可持续发展议程》。该议程特别要求未来要注重教育质量、教育平等，明确提出在2030年前确保所有人均能享有收费合理和质量上乘的技术教育、职业教育、大学教育，切实增加具备就业、体面工作及创业方面技能的青年和成人数量。

如今，随着学历对提高就业和待遇的重要性的提升，以及各类学历资格贯通机制的不断建设，国际职业教育的层级出现上延趋势。德国和法国虽然不把在高等教育阶段就业导向性强的教育称作职业教育，但实际上这些教育与中国的高等职业教育有些类似。德国和法国的大学阶段的职业教育是职业教育的延伸。德国高等职业教育机构往往指3~4年制的"应用科学"大学或"技术"大学。此外，在一些州通行的"职业学院"也是高等职业教育的一部分，这些职业学院是学术性较强的职业教育，学生要经历在校的实践培训或在企业的培训活动，企业负担学生的培训费用和受训者薪酬，学制一般为3年。法国高等职业教育主要指设在技术高中内的2年制"高级技师证书"教育，生源主要是通过职业高中会考和技术高中会考的学生。当然，大学内的2年制技术学院教育也可以归为法国职业导向较强的高等教育，但应该指出，该教育对学术水平要求较高，因此生源中很少有通过职业高中会考的学生，大部分是普通高中毕业的理科类考生和技术类考生。另外，法国的高等教育还设有本科阶段的3年制职业类学士教育以及研究生阶段的2年制职业类硕士教育（相当于法国以前设立、侧重实践的"高等专业学习证书"），从职业中学毕业后攻读这种职业类学士的学生要比攻读大学内的2年制技术学院教育的学生多。考虑对职业教育的传统定义以及职业教育的主体范围，本书主要探讨中学阶段的职业教育。

二、职业教育的起源与发展

（一）中世纪行会学徒制度的形成

中世纪欧洲的行会学徒制度是现代职业教育的雏形。12世纪欧洲建立行会制度。所谓"行会"就是行业协会组织，即一个地区的同一种职业的工匠联合成立的协会。行会为该协会的成员确立行业规范、标准和规章，包括工作程序、执行方法、商品价格和质量检查要求等。行会的规则确保不同地位的工匠拥有不同工资，行会还承担最贫穷会员的生活费用，包括照顾会员去世后的配偶和子女。行会往往对所在地区的政治和经济运转发挥着重要作用，但在民事方面常常引发矛盾冲突，特别是行会禁止非会员从事该行会的职业。行会的规则还明确了会员的义务以及学徒培训方面的要求。到14—15世纪，欧洲大部分国家都依托行会建立了传统的学徒式教育体制。

18世纪至19世纪初，行会的影响力减弱，因为经济自由化理论认为传统的行会制度是自由竞争和自由贸易的障碍。

行会内部的等级森严，"学徒""工人（伙计）""工匠（师傅）"三个等级的地位划分明确。"学徒证明"标志着接受学徒式培养的第一阶段结束，"师傅"称号的获得则证明具备了相应的技能。师傅的配偶或女仆人处于附属的助手地位。对学徒的接纳需要经历数周的试用期，一般来说，学徒要向师傅交纳一笔费用，来支付生活和住房开销。总体来说，学徒要在非常专业的工种上学习二至四年，甚至更长时间。学习结束时要举行专门的考试。每种行会在学徒结束学习的阶段，由"学徒"升入"工人"身份方面都有各自的习俗。

而某一行业的"工人"的职业资格在其他地区也是被承认的。一般来说，工人都没有家庭牵挂，四处游学，追随不同的师傅，以不断增强自身技能。在获得足够的经验之后，便有可能晋级"师傅"称号。

如今，欧洲各国的现行职业教育体系特点各异，这与每个国家的行会制度的历史影响力大小、工业化进程和现代化发展水平，以及宗教信仰、风俗文化、哲学传统和政治潮流等人文环境的影响有紧密联系。20 世纪上半叶，不同模式的现代职业教育体系在欧洲有较大的发展。本书仅围绕德国和法国职业教育的情况进行介绍。

（二）德国[①]近代以来对行会制度的继承和发展

在德国，传统的行会制度解体后，自由选择职业的社会风气在 19 世纪初期才开始形成。相较于英国和法国，德国的工业化革命起步较晚，但发展迅速，伴随着对传统行会制度的继承和改革，颇具特点和优势的双元制职业教育也在工业化的持续进程中逐渐确立。

19 世纪中期，德国的工人运动风起云涌，由于政府对工人阶级的漠视和压迫，许多工人和学徒加入了工会和工人政党。资产阶级发现在义务教育和兵役制之间存在教育空缺，随即把原本不属于义务教育的职业教育变成所有劳动青年都要接受的义务教育，并且修改国民教育的教学大纲，把职业教育的所学课程集中

---

① 本书中涉及的 1949 年 5 月 23 日至 1990 年 10 月 3 日这段历史时期的"德国"，若无特别说明，均指"联邦德国"。

在行业技术知识和公民教育课两个方面。当时国民教育的工作重心是义务教育和高等教育，相关教学机构也能得到更多的法律政策和财政支持。而一些工程师学校、建筑师学校、商校和管理学校的建立则主要是为了满足官僚体系的需求。社会上的一些全日制的技术学校和商业学校是应私人力量的倡议而建立的，为了使国民有条件接受工业、商业和银行业等领域的初级教育和中级教育。为工匠和学徒建立的半日制学校是为了让他们除了接受义务教育，继续接受教育，这些机构设立"读、写、算、画"等小学教学课程，并传授特殊职业所需的理论知识。后来，这些为工匠和学徒提供半日制教育的机构就逐渐成为专门的职业教育机构。

在19世纪末，传统的行会制度在德国出现了复苏。传统的职业教育与培训，亦即过去行会开展的学徒式教育，于1897年重新获得法律上的认可。导致这一新的变化的原因，有内外两个方面。在外部，面对资本主义国家之间的激烈竞争，德国亟须工业和行政岗位的合格劳动者；在内部，由于工人运动的此起彼伏，政府把其政治赌注压在青年身上，寄希望于通过传统的工匠作坊的工作与生活方式，使青年能够融入既定的社会和政治秩序中，从而保障社会的稳定。

随着工业化的发展，进入20世纪初，职业教育的内容又增加了新元素，制造业进入职业教育领域。冶金、电力、化工等产业雇主协会确立了新的"合格工人"类型，他们沿袭工匠培养的机制，并改变了教与学的方法，在工作场所以外的地方设立专门培训点，使职业教育更具系统性和规范性。[①]

随后的几十年中，德国的双元制职业教育模式中的学徒形式基本保持不变，直至1969年德国联邦政府通过了有关学徒制的法令《联邦职业培训法》，该法令规定了学徒和雇主的权利与义

---

① Greinert W-D., *Das "deutsche System" der Berufsausbildung.Geschichte*, *Organisation*, *Perspektiven*. Baden-Baden: Nomos, 1995（2e éd.）

务，允许雇主协会和工会与政府协同制定企业培训大纲，该大纲后来包括了三百多种职业的教学课程。此外，雇主协会和工会还介入职业学校的理论课教学大纲的制定，由各州政府实施。时至今日，德国初始职业教育中的双元制模式得到普及，并广为学生、企业、工会和政府接受。

19世纪以来，由于历史传统等各种原因，德国没有完全放弃行会制度，在对存续了数百年的行会制度学徒传统的传承基础之上，德国职业教育不断进行着适应时代发展的改革，职业教育活动不断丰富，教育形式不断完善。在工作场所学习以及在职业教育学校学习这两大并行元素构成的德国双元制职业教育，就是在这一时期开始形成，并经过100多年的不断发展与完善，最终成为成熟健全、先进有效的现代职业教育体系，在世界范围内树立了职业教育的高标准。在这一体系下培养的技术工人和专业人才技艺精湛、尽职敬业，成为德国现代工业技术保持领先，生产力不断提升的强大保障。这一体系更是帮助德国的青少年从学校向职场成功过渡、保障社会较高就业水平、维持社会稳定的一个积极调控手段。

（三）法国国家主导职业教育的近代发展过程

重视学术的传统对推动法国18世纪自然科学进步起到重要作用，法国的职业教育发展依托强大的中央政府，因此国家主导的色彩十分浓重。法国的精英教育，如高等理工学校成为欧洲技术教育的典范。法国大革命爆发以前，行会传统在法国也十分深厚，学徒式的培养和训练对于法国的职业教育的发展亦有重要的作用。行会制度同样促进了工艺与技术的传承和进步。1789年，法国大革命爆发，社会发生重大变化，资产阶级掌握政权，在革命浪潮的推动下，1791年6月，法国政府颁布了《勒沙普利耶法》，禁止行业协会等工人组织、工人和农民聚会以及结社。行会制度被取缔，生产者的集体组织以及传统的入行和接受培训的机制不复存在，学徒式的职业教育遭到沉重打击。[1]自此以后，专业系统的职业教育与生产分离，培养合格技术工人的机制问题长期未能有效解决。

18世纪末期以后，在启蒙主义思潮的影响下，文学、人文社会科学等地位逐渐提升。儿童教育问题得到重视。最早为战争孤儿开设的学校开始被改造为工艺和职业学校。为了服务持续不断的战争，铁匠、皮革匠、铸造工、车工、木工等许多与生产战争物资有关工种的技术工人都出自这类学校。当时社会上的职业教育与培训学校还有夜校、工业学校等类型，但培养对象都不是针对所有的青年人群。到19世纪，随着工业化的深入，纺织业、矿业等新兴工业迅速发展，行业雇用童工的问题凸显，呼吁保护童工的社会呼声渐高。1851年2月，法国通过了首个有关学徒制的法令《有关在工厂、车间和作坊的儿童学徒合同的法案》，规定雇用工人必须对其进行职业教育，并首次规定雇佣双方要签署书面合同。1870年，法兰西第三共和国成立，国民义务教育开始普及。这一时期的一个突出特点是，在第二次工业革命的推动下，一批新兴工业开始产生，电力、机械、化工等一批代表国家经济、军事、科技实力的工业领域亟须大量的具备成熟技术的产业工人。在这一背景下，职业教育得以蓬勃发展。由国家主导，政府统一规划、管理的职业教育体制也开始固定下来。在这种体制下，传统的行会制度下学徒式的职业教育模式逐渐没落，正规的全日制的职业学校教育模式逐步发展壮大。1882年，国家为具有职业教育导向的高级小学设立了证书，标志着学校职业教育进入重要发展阶段。当下法国的全日制和学徒制职业教育并行发展，共同支撑着法国的现代职业教育体系。

相比德国，法国的行会制度从近代以来解体得更为彻底，但

---

[1] Kergoat Priska and Capdevielle-Mougnibas Valeree, "Les formations par apprentissage: un domaine de recherche à developper", *la Revue francaise de Pedagogue*, 2013, (183), p.5–13.

行会制度的潜在作用仍然得到发挥，带有传统色彩的学徒式职业教育也并没有完全消失，而是历经调适和改革后，继续发展并创造价值。法国依托强有力的中央政府及教育行政体系，以及充分汲取几百年的行会学徒式职业教育形成的丰富教育经验和工业化发展所积淀的丰厚教学资源，在理论教学和实践教学上形成科学、统一的大纲、标准和机制，加强了体系的民主、透明与公平，在聚焦专业技术教育的同时也注重人的综合能力培养，不断满足着当代社会对高素质劳动者的多样化需求。

第一章 德国职业教育体系

第一节 德国近现代职业教育的历史发展

一、工业化与双元制为主的职业教育

德国的职业教育历史可以通过三个阶段来进行考察。第一阶段从 19 世纪 80 年代到 20 世纪伊始，双元制模式建立，其风格和特点深受中世纪行会制度影响。第二阶段从 20 世纪 20 年代初到 70 年代初，是双元制模式的巩固阶段，双元制模式成为独具德国特色的培养工业劳动力的模式。第三阶段 20 世纪 70 年代开始至今，这一时期，双元制模式围绕职业资格方面建立了更健全的制度和机制。

德国工业化起步相对较晚，却在短短几十年里后来居上，在重要的工业领域和工业产出方面领先于欧洲各工业强国。德国强大的工业实力与其工业化发展进程的路径以及先进、成熟的职业教育体系有着密切的关系。在德国开启工业化的早期阶段，矿业和纺织业是主导行业。随着工业化步伐加快，铁路、机械工程、电力工程和化学工程及钢铁生产等部门出现，进而出现的职业教育"德国工作与就业资格"，成为专门的德国社会规则。

双元制模式在机制、立法、经济和文化上的全面建立应该在19世纪80年代到20世纪20年代。但是在工作场所的学徒培训具有更悠久的传统，在14、15世纪，几乎在所有城镇的手工业行会和小商贩行会都有这种培训。随着封建制度的消亡，在19世纪初的工业化前期，行会丧失了他们重要的社会和经济地位。在"拿破仑战争"后，德国的行会并没有完全退出历史舞台，由于1897年7月通过的《手工业工作者保护法》的出台，传统职业教育体系的诸元素得以重生。在个体工作者利益集团的游说下，手工业商会建立，并在设立学徒制培训规则上发挥主导作用。重建的工匠团体使传统的"学徒—师傅"模式成为德国职业教育的范例。《手工业工作者保护法》可以被看作德国在社会和商业政策制定进程中的基石。而在此之前，自从1811年普鲁士王国解除私有企业限制规定并废除强制加入行会的规定以后，各州政府对工匠、商人和不断增加的工业工人的职业教育都不够重视，他们更关注的是制定学校义务教育的经费政策以及扩大高等教育的规模。当时，建筑、金融、商业领域的大学和高等教育机构逐渐建立，以满足公共机构和企业对相关领域高级专业人才的需求。工业和商业方面的中等管理学校也大量出现。此外，一些学徒式的培训学校也在晚间和周日授课。这些学校一方面是"补习学校"，其教授内容涵盖了基础教育的"读、写、算、画"；另一方面是应用职业教育的承办者，教授如手工业方面的技术绘图、行政方面的记账等专业。这些学校被称作"继续培训学校"或"周日学校"，是当今学徒制教育中受训者学习的职业学校的前身。

二、手工业学徒制／产业学徒制的发展与法规演变

德意志帝国及其相伴而生的政治经济保守势力重视制定旨在促进手工业发展的社会和经济政策，希望通过提高工人职业技能

培训水平，提高德国经济竞争力。对技术工人的培训的社会政治功能也由此开始彰显。继续培训学校的教师能够通过传授恰当的职业技能满足工人的工作需求，同时职业教育还兼具公民教育的功能，这些学校原先的基础教育功能被职业教育和公民教育替代。将职业教育与政治教育相结合，至今仍然是双元制职业学校课程的重要特征。在20世纪初，继续培训学校向职业学校过渡，师傅主导的学徒式教育合法回归，职业教育结构发生重要变化。在第一次世界大战之前，冶金、电子、化学等工业领域不断扩展，企业主面临着劳动力不足的问题，因为过去仅通过自身条件培训产业工人的方式已无法满足对劳动力数量和质量的需求。这样，产业雇主协会采取传统手工业培训形式，实行产业实地培训，来培养掌握技能的新型合格工人。有技能的工人像手工业熟练工一样，要完成一个培训期，正常是三年，并去业余职业学校学习，最后参加考试。这一教育模式后来被商业、金融、保险、运输等其他领域采用。

双元制职业教育的基本特征在1969年之前保持不变。1969年颁布的《联邦职业培训法》限制了雇主协会、手工业商会、工商会之间在开展职业教育方面的自治规定。这对长期以来职业教育以历史惯例为规范的情况进行了法制化调整。然而，有一个重要例外，联合会被给予了在任何涉及工人的职业教育事务上的同等执行权力。由于德国是联邦制国家，课程不由中央政府一级决定，而是由州政府一级决策。据此，雇主团体和职工团体共同与联邦政府相关负责的部门一起决定是否设立新的培训职业，是否更换现有培训职业。目前德国的职业教育涉及了三百多种职业，并设立了相应的职业标准。这些对受训者和培训机构都有约束力。在德国职业教育体系内有许多"双元"，并不是所有职业教育都是在工作场所和学校之间进行，但以工作场所为基础的职业教育处于主导地位。商界、政府、政党、联合会、学生等各方面都接受这一现实。

在法规制定上，最早的企业内职业教育规定要追溯至中世纪，行会制定了各自领域的学徒制规则，这些职业规则逐步发展，融入当今的在企业和业余职业学校之间进行的初始职业教育系中。而德国现代的职业教育法规源于 20 世纪初。由于工业化的蓬勃发展，工业企业采取学徒式的职业教育形式，因此，初始职业教育法规是通过专门确定必须掌握的技能和知识清单、规定培训时间长短、统一培训标准等内容而制定的。相关法规的制定和执行消除了不同地区和企业类型及规模的差异。全国性有关技能工人水平培训和资格的标准也逐步制定。第二次世界大战后的 1953 年，初始职业教育规定在《手工业条例》中得以确定。德国政府于 1969 年确立《联邦职业培训法》，规定雇主、行业联合会、商会和政府团体要一起工作，为多数人提供职业教育、培训和资格认证。

第二节　德国现代教育体系中的职业教育

一、联邦政府与州政府的教育职权划分

德国是联邦制国家，凡是联邦宪法没有特别规定的，均由 16 个联邦州自行立法和管理，它们代表国家行使包括教育在内的文化行政权力。联邦政府在教育特别是学校教育领域的权力有限，主要是通过《高等学校框架法》对高校入学、学生资助以及大型科研设施建设等做出原则性规定；通过《各州公务员身份法》对教师的法律地位做出原则性规范。虽然联邦一级政府即教育与研究部不具体管教育，但基于经济和劳动法对学校以外实施的职业教育包括双元制职业教育体系中由企业实施的职业实践培训做出规范，主管企业培训，协调全国认证的职业和职业教育法规，制定双元制职业教育内容，与各州和企业制

定规则的基本原则，确保各州经认可的职业教育符合联邦政府制定的规则。它采取措施促进职业教育，如制订对落后地区的特别资助计划、对促进职业教育研究的资助计划。它负责职业教育的总政策，修订和监督执行《联邦职业培训法》，出版职业教育年度报告，资助促进职业教育计划，资助联邦职业教育与培训研究所。该研究所是参与职业教育各方协商一致的核心机构，指导企业培训，服务于联邦政府和培训提供者。各种职业的培训由各相关政府部门来认证，多数职业教育与经济事务和能源部相关，但认证需要负责协调职业教育的教育与研究部批准。

各州负责普通教育和职业教育，自行颁布教育方面的法律法规，对教育相关事务做出规范，并对学校进行监管。为保证全国教育制度和水平的基本统一，各州文教部长组成德国文教部长联席会议，协调各州教育制度和政策，并代表各州与联邦政府协商联邦和各州在教育方面的合作。

德国职业教育体系及其治理的显著特征是州政府、企业雇主和行会的密切合作。在双元制职业教育方面，由经济部门牵头，行业组织基于国家授权具体管理企业实践培训。企业和行业组织对职业教育的内容和形式发挥极其重要的作用，以确保其利益和需求得到满足。

二、德国教育体系与职业教育

德国教育体系（见图 1-1）包括普通教育、职业教育、高等教育和继续教育四个领域。其中，继续教育针对成人，包含普通教育、职业教育及高等教育三种形式并按照其相应标准结合成人特点实施，因而也可称为成人教育。值得注意的是，德国学前教育通常不作为教育体系的一部分。

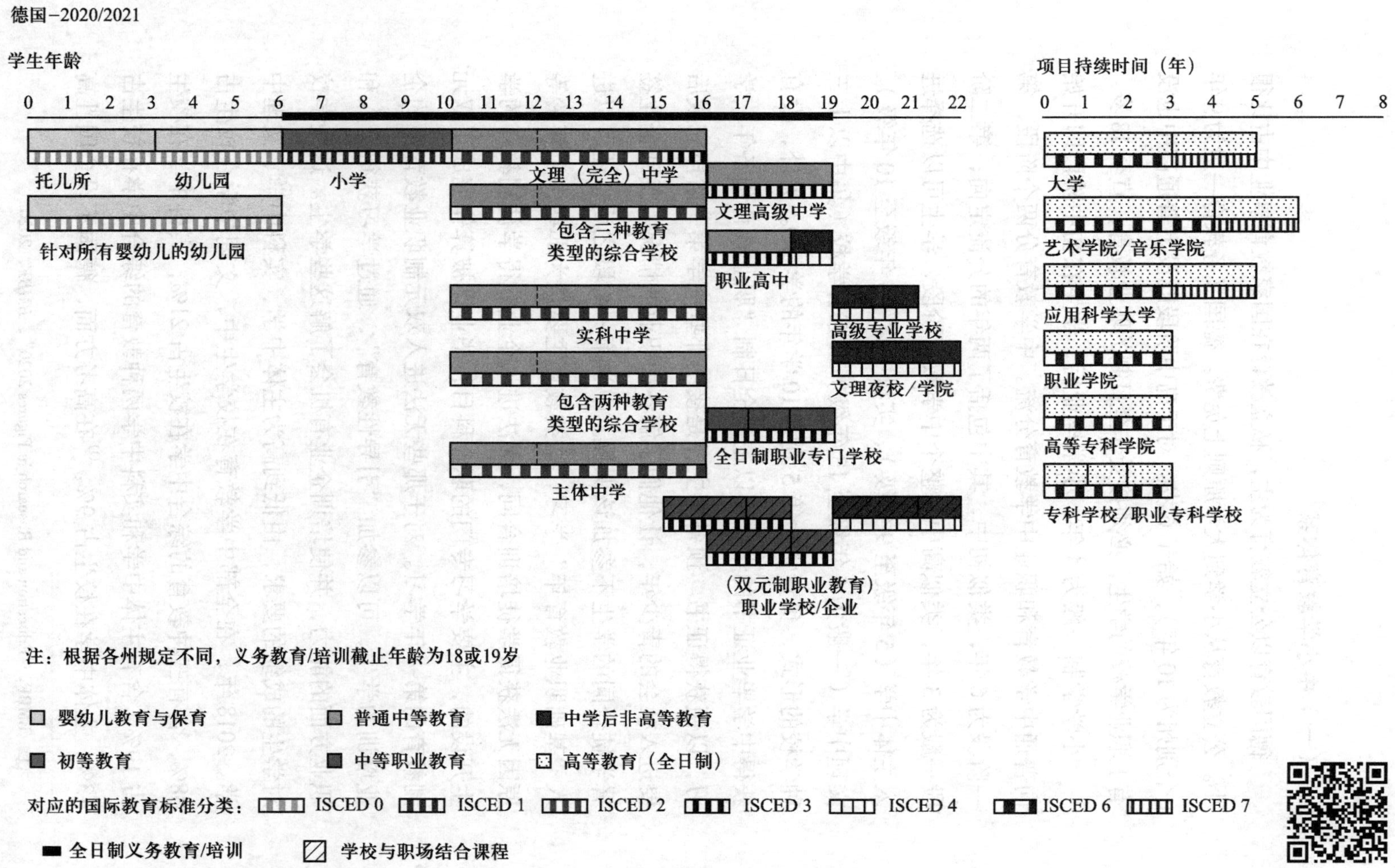

项目持续时间（年）

0 1 2 3 4 5 6 7 8

大学

艺术学院／音乐学院

应用科学大学

职业学院

高等专科学院

专科学校／职业专科学校

学生年龄

0 1 2 3 4 5 6 7 8 9 10 11 12 13 14 15 16 17 18 19 20 21 22

托儿所

幼儿园

针对所有婴幼儿的幼儿园

小学

文理（完全）中学

文理高级中学

职业高中

包含三种教育类型的综合学校

实科中学

包含两种教育类型的综合学校

主体中学

高级专业学校

文理夜校／学院

全日制职业专门学校

（双元制职业教育）职业学校／企业

注：根据各州规定不同，义务教育／培训截止年龄为18或19岁

对应的国际教育标准分类：

婴幼儿教育与保育　普通中等教育　中学后非高等教育　ISCED 0　ISCED 1　ISCED 4　ISCED 7

初等教育　中等职业教育　高等教育（全日制）　ISCED 2　ISCED 3　ISCED 6

全日制义务教育／培训　学校与职场结合课程　ISCED 5

图1-1　德国教育体系的结构 ①

① Eurydice, *Germany Overview*. https：//eacea.ec.europa.eu/national−policies/eurydice/content/germany_en.

（一）中小学教育体系

德国教育以公立教育为主，私立教育在国家教育事业中占比很小。公立教育从小学到大学原则上免费。德国义务教育一般为9年（个别州为10年），始于6岁。对于高中阶段既没上普通高中也没有上职业学校的学生，必须接受非全日制的职业教育，直至18岁。

小学学制一般为4年。小学毕业后，学生在初中阶段即开始向普通中学教育和职业中学教育分流。中学教育分两个阶段，第一阶段为6年，类似初中，其中包括了两年的分流定向；第二阶段一般为3年，类似高中。整个中学教育阶段，学生可以选择进入主体中学（5年级至9年级）、实科中学（5年级至10年级）、文理中学（一般为5年级至13年级）或综合学校（集中以上三种学校的形式，负责学生第5到第10学年的学习）。另外，没有获得中学毕业证书的学生可以进入全日制"职业教育预备年"学习，以便获得证书。预备年主要是接纳那些中学第一阶段完成后要进入社会的青少年，让他们了解各种职业的情况。找到企业签署学徒合同的学生不参加该课程。中学第一阶段之后，还可以进入"基础职业教育年"学习，这类教育主要是为那些由于年龄等原因无法获得学徒培训合同，无法进入企业获得学徒制教育的学生开设的，主要学习专门的职业科目，毕业则被算作完成了双元制教育的第一年学习。对于那些无法进入双元制职业教育中的企业培训的学生，可以参加"引导性教育"，通过学习获得个人和职业方面的能力，并使培训企业有机会了解这些学生。这些学校对学生的成绩的要求，由低到高为主体中学、实科中学、文理中学。2018年，在全部中学教育在校学生中，文理中学在校生占38%，含有三种教育的综合中学在校生占21%，实科中学在校生占19%，含有主体中学和实科中学两种教育的综合中学在校生占13%，主体中学在校生占9%。[1] 在高考方面，德国不设全国性高

---

① BMBF, "Education and Research in Figures 2020", *BMBF*, 2020.

校统一入学考试，学生通过各州高中毕业（12或13年级）"综合考试"即获得大学入学资格。

（二）职业教育体系

德国职业教育占据德国中等教育的半壁江山，而且绝大多数职业教育是双元制职业教育形式。德国的职业教育提倡面向所有人。让每一个年轻人都能通过某种教育途径获得职业能力资格是整个社会的共识。为此，德国职业教育体系不仅系统完备，而且面向各阶层不同人群，并在实施过程中根据不同情况进行调整。它具备范围广、多层次、多种类、重实践、多元协作、贯通衔接等特点。特别是德国的双元制教育是整个职业教育体系中最具特色且最富有成效的核心部分，无论在人才培养质量上还是在管理体制上都成为职业教育的成功范例。

职业教育在德国的教育体系中拥有极为突出的地位，它与普通教育并行，是具有同等甚至更重要价值的教育门类。如前所述，学生小学毕业后，在初中阶段即开始分流。在中等教育的第一阶段，开始是学生分流（定向）教育，在职业教育方面，学校根据不同的培养目标被划分为未来面向初级职业教育的5年制主体中学（亦称职业预校），面向较高级职业教育的6年制实科中学。主体中学和实科中学毕业生是职业教育的主要生源，德国有些州还开设了技术类实科中学，旨在培养学生的实践和动手能力。德国职业教育的主体是在中等教育的第二阶段，即高中阶段。这一阶段的职业教育针对不同的生源状况和培养目标，在层次和形式上形成了非常多元化的体系，从"职业预备教育年""职业基础教育"（双元制、全日制职业教育）到"职业专业教育"（职业专科学校、专科高中）、"职业继续教育"（技师培训、工匠培训），层次由低到高逐步深入，自成体系，甚至延伸至高等教育体系（双元制大学）。职业教育既与普通教育相互补充，也与普通教育和普通高等教育紧密衔接。

作为与普通教育及高等教育并行的教育类型，职业教育起点从完成普通教育的初中之后或高中之后开始。从层级上看，对 9 年级及 10 年级毕业生来说，职业教育处于高中阶段，对 12 年级或 13 年级普通高中毕业生来说是高中后阶段教育。从职业教育自身教育内容和教育资格水平来说，以获得完全职业资格为目的的中等教育第二阶段，即初中以后接受的职业教育是职业教育初级阶段；以获得相应教育学历及职业资格为目的的中学后，即高中以后接受的职业教育是职业教育高级阶段。此外，以具备相应职业实践经验或完成高中阶段职业教育为前提，传授高级职业资格的职业教育是与高等教育同等价值的教育。

2018 年，德国职业教育机构数和学生数情况如下：各类学校 8 534 所，在校学生总计约 244.9 万人。主要教育机构中，非全日制职业学校（Teilzeit–Berufsschule）1 493 所，在校生约 141.4 万人；全日制职业学校（Berufsfachschule）2 289 所，在校生约 41.6 万人；专门高中（Fachoberschule）833 所，在校生约 12.8 万人；专门文理学校（Fachgymnasium）898 所，在校生约 18 万人；职业与技术学校（Fachschule）1 486 所，在校生约 18 万人；职业教育预备学校（Berufsvorberietungsjahr）1 228 所，在校生约 10.1 万。此外还有若干其他类型的职业学校，在校生约 2.97 万人。从以上德国职业教育机构看，体系相对复杂，其中一个原因是 16 个州的学校类型不尽相同。[①]

（三）高等教育中的高级（高等）职业教育

德国高等教育包括四大类学校：大学（综合大学、工业大学、师范学院等）、艺术学院 / 音乐学院、应用科学大学（应用科学高等教育机构、管理类高等专科学院）以及高等教育体系外的职业教育类学校（职业学院、专科学校、职业专科学校）。大学以及艺术学院 / 音乐学院是具有大学地位的高等学校，有博士学位授予

[①]　BMBF，"Education and Research in Figures 2020"，*BMBF*，2020.

权，其使命是将研究、教学、学习、继续教育相结合，承担传承和发展科学的职责，其中的师范学院培养中小学教师队伍，目前除巴登－符腾堡州还保留师范学院外，其余师范学院均合并入大学。

一些高级（高等）职业教育属于教育分类标准的第5级。德国的两年制普通学术高等教育一般没有毕业证书，在这一级的教育主要是职业教育。接受第6级的教育不需要第5级毕业证明，只需要双元制职业教育完成之后有一定工作经历。

高级（高等）职业教育与中等职业教育不同，中等职业教育有培训规章确立的教学大纲作为标准，而联邦政府规定的高级（高等）职业教育则没有大纲，只有对这一层级教育的定义、入学条件、考试内容及程序的规定。这些规定是由联邦教育与研究部经咨询联邦职业教育与培训研究所最后确定的。高级（高等）职业教育有很多类。第一类高级职业教育旨在培养工匠大师，需要学生能够独立地开展手工艺劳动、能够雇佣和培训学徒，需要学生参加手工艺学校、应用科学大学或综合大学的课程。第二类高级职业教育涉及 IT 方面的战略型、操作型管理者和工程师资格教育，由商会负责评估。这类教育也没有教学大纲，但有相关的考试要求，由商会负责评估和发证。学生在工作环境中学习。第三类是专科学校教育，属于教育分类标准的第6级，入学条件因专业而异，一般需要认可的职业教育证书和在相关领域至少一年的工作经历，或者拥有全日制职业学校毕业证书和至少5年的工作经历。这类教育可以是非全日制或全日制，全日制教育年限为1~3年，毕业时颁发州职业资格证书，如教育工作者、技术员等。一些专科学校还提供进入应用科学大学资格教育，毕业时要参加州政府组织的考试。第四类高等职业教育是应用科学大学、双元制教育大学和职业学院提供的双元制职业教育，属于教育分类标准的第6~7级教育。应用科学大学的使命是通过应用导向的教学和继续教育，培养在职业实践中独立运用科学知识和方法以及进行艺术活动的能力，同时开展与应用相关的研究和开发。应用科学大学四分之一的教育课程以双元制模式进行，开展两种初始教育和一类继续教育。两种初始教育包括有综合培训科目的双元制教育（要有大学入学资格及与雇主签订合同，毕业颁发学位证书和职业资格证书）和有工作经历的双元制教育（毕业时只颁发学位证书，无职业资格证书）。继续教育主要是对已接受过职业教育并具有多年工作经验的学生进行职业深造，入学不需要有高等教育入学资格。

所谓"双元制"高校课程是应用型人才培养的新型模式。这些课程将在高等学校的学习与在参与合作的企业进行的实践教育结合，传授在实践中独立运用科学知识和方法的能力，与相关实践教育机构进行合作式研究。德国将应用型人才培养作为高等教育的一部分，与中等职业教育严格区别。教育管理中也将这些机构纳入高校管理体制。

第三节　德国主导职业教育的双元制职业教育

双元制职业教育是教育与职业、理论与实践结合紧密的一种教育形式，涉及企业、学校和社会伙伴之间的协作与监督。围绕着双元制，德国制定了一整套完善的法律保障与治理结构体系，在实施层面上既提供了统一的框架标准，又赋予了各实施主体一定的自主空间。近年来，德国约有40%的适龄学生中学毕业后直接进入大学，绝大多数不能或不愿升入大学的学生接受不同形式的职业教育，其中又以接受双元制职业教育为主，这些人通过职业教育获得职业资格证书，成为德国产业技术工人的主要来源。

一、双元制职业教育的架构

在双元制体系下（见图1-2），职业教育在企业和职业学校两个学习地点开展，学生具有企业员工和职业学校学生的双重身份。企业是职业教育的主要承担者。提供职业教育的企业首先需要经行业主管机构审批，满足设施场地、培训师资和资金等方面的资质，然后发布培训岗位，招收学生，与学生签订培训合同，参照统一的《职业教育条例》规定实施企业培训，支付学徒的薪酬和所产生的其他费用，同时将学生送到职业学校接受相关的职业理论和一般素质教育。《职业教育条例》是培训企业开展职业教育的基础和依据，该条例具体明确了每个职业工种培训的培养标准，包括职业名称、培训时限、职业技能、知识和能力要求、培训的内容与时间的框架计划以及考试要求。在企业培训的时间占全部教学时间的 70% 左右。企业培训的直接主管机构是企业所属的各地区各行业的行业协会，主要负责协调、组织和监管企业内部培训的实施，考核培训企业及培训师的资质，作为公共机构来负责组织和实施统一的职业资格考试（一般考评 4～5 个与职业相关的领域），并颁发职业资格证书。

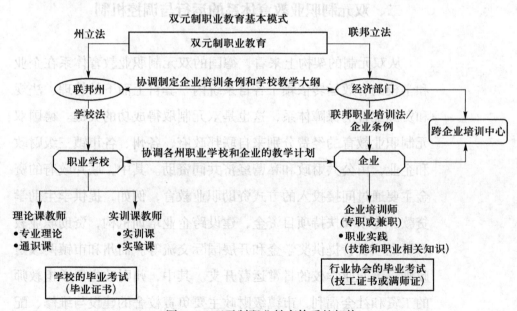

图 1-2 双元制职业教育体系的架构

学生在职业学校的教育则置于各州学校监管机构的管理之下，以统一的课程框架为基础，执行现行的教学大纲。学校的主要任务是：开展理论与实践教学，培养和教授给学生专业、个人和社会等方面的职业行动能力以及相关理论专业知识，深化普通教育，促进学生人格的健全发展，并授予学历证书。职业学校与企业在培训内容上紧密合作，协调沟通，根据企业的实际工作过程共同开发课程。学生在学校学习的时间大约占总培训时间的30%。

双元制职业教育凸显了企业的主体地位，具有以企业为主导的特色，同时学校作为必要的补充，与企业互动。在这种模式下，学生在企业培训体系内完成职业技能资格所需的培训，掌握一技之长，获得进入劳动市场的准入资格证书；学生在学校教育体系内获得从事该职业所必需的丰富的职业基础知识和理论，接受相应的普通学历教育，获得毕业证书并完成社会化的人格培养过程。

二、双元制职业教育体系的运行与调控机制

从双元制的架构上来看，德国的双元制职业教育体系在企业和学校的有效运转依赖于各自系统内一套自上而下的管理、法规和资源配置的保障体系，这也是双元制取得成功的关键。德国双元制职业教育的经费分别来自联邦政府、各州、各市镇三级财政和企业，由公共财政和私营经济共同资助。其中，联邦政府的资金主要通过间接投入的方式资助职业教育，例如，提供学生助学贷款，专项和扶持项目资金，建设跨企业培训机构，资助职业教育研究项目，提供奖学金和开展国际交流等。而州和市镇两级财政则负责职业学校的日常运营开支。其中，州财政主要承担教师的工资和社会福利，市镇级财政主要负责校舍的建设与维修、配套设备以及学校管理人员的支出。而"双元制"的其中一元——企业的职业教育经费渠道则是企业直接资助，即由企业自己负担。企业除了负担培训场地、设施设备等费用外，还必须支付学

生在整个培训期间的薪酬和企业内部培训师的工资等。

在管理模式上，双元制职业教育置于国家调控之下，联邦、各州及多个社会伙伴（行业组织、工会、科研机构）有效参与并紧密合作，充分兼顾和保障各方利益，遵循协商共识的原则分工合作，形成多元协作的治理结构（见图1-3）。其中，国家层面通过立法、政策调控以及项目资助等方式保障职业教育的供需稳定和社会接受度，而代表企业的雇主协会和代表雇员一方的工会参与其中，更好地平衡各个企业和整个行业的人才需求与接受职业教育的年轻人之间的利益关系，监督企业在学徒使用方面的合法合规性。企业、行业协会和职业学校构成"三方"伙伴关系，承担共同的教育任务，保障职业教育在各自的学习地点、各自的法规条例范围和教学框架计划下实施和协调。

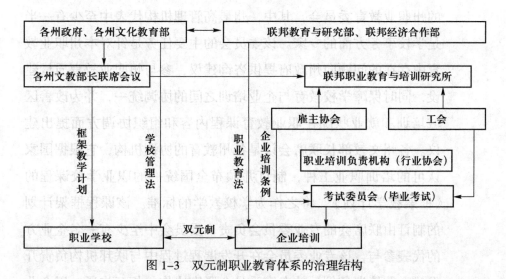

图1-3　双元制职业教育体系的治理结构

在联邦政府层面，联邦教育与研究部负责制定职业教育发展的整体战略，并与联邦经济合作部等各行业所属的相关联邦专业政府部门共同作为职业教育的立法与协调的主管部门，直接负责企业和跨企业培训机构中的职业教育。《联邦职业培训法》授权联邦教育与研究部和联邦经济合作部共同发布国家承认的培训职业工种。在此法律监管之下，联邦职业教育与培训研究所协助联邦教育与研究部解决职业教育的根本性与全局性问题。该所是联邦级职业教育的决策咨询与科学研究机构，负责召集由企业、工会和学校代表参与的专家委员会，制订企业实施双元制职业教育所依据的各个职业工种的《企业培训条例》统一标准，并根据劳动市场和技术发展对现有的职业培养方案进行更新和增补。联邦教育与研究部发布年度《职业教育报告》，提交联邦政府，讨论和制定相应政策；下设的职业教育中心委员会由资方（商会）、劳方（工会）和州政府的各 8 名代表以及联邦政府相关部门的 5 名代表组成，对该年度报告做出评价和意见。

各州的文教部遵照《学校管理法》直接负责监管学校职业教育的开展，与地方政府共同承担学校的财政经费。文教部下设由同等数量的企业方代表、工会方代表和州最高管理机构代表组成的州职业教育委员会，其中，州最高管理机构代表中至少有一半是学校事务方面的专家。该委员会的主要任务是针对本州职业教育中存在的问题向州政府提供咨询建议，参与州职业教育质量建设，同时保障学校教育与企业培训之间的协调统一，并为改善区域培训和就业状况在职业教育课程内容和组织协调方面提出建议。各州文教部长联席会议是各州教育的协调机构，它根据国家认可的培训职业工种，制订并颁布全国统一的职业学校课程的《框架教学计划》，将之作为学校教学的标准。该课程框架计划的制订由联席会的专业委员会负责，委员会中至少有一名企业方的代表参与，该专业委员会在开发课程过程中与联邦机构负责开发《企业培训条例》的专家委员会紧密协作，相互沟通，以企业实践教学标准为基础，尽可能保证两个学习地点在教学标准和内容上的高度协调和统一。

在地区层面上，《联邦职业培训法》中明确规定了双元制职业教育的主管机构为各地区的行业协会组织，包括工商业协会、手工业协会、农业协会、律师协会和审计师协会等自由职业者协会。其管辖权以地区划分，每家企业在成立之初即成为所属地区行业协会的会员。行业协会在双元制职业教育体系中扮演至关重要的角色，是德国职业教育的主要自我管理机构。地方行业协会下设职业教育委员会，由当地行业协会指定的资方代表、当地工会指定的劳方代表和州政府指定的学校教师代表（各6名）组成，其中教师代表仅具有咨询建议作用。委员会主要职责是制定区域性的职业教育补充规定，提出经济发展所需的新的职业教育定义与内容，协调职业教育委员会，管理各职业考试委员会，审核提供职业教育的企业及培训师资格，对所有职业教育合同登记备案，颁发毕业证书，建立专业决策机构，调解仲裁教育纠纷，对监督教育过程提供咨询，制定和颁布教育规章，设立跨企业培训中心等。

考试委员会在组织和实施统一的职业资格考试时组建，其成员包括数量相同的资方和劳方代表，并至少包括一名职业学校教师。

有资格提供培训的企业为数不多。以上提及跨企业培训机构，是因为多数企业规模小，不能满足法律规章要求的培训标准，这就出现了跨企业培训中心，这类中心被指定作为企业培训的补充机构，一般由行业的自治机构倡导设立，教育机构在中心提供课程。联邦教育与研究部提供房舍和设施等投资补助，联邦职业教育与培训研究所负责推动这类跨企业培训中心的规划、建设和发展。除了大的有资质的企业和跨企业培训中心外，还有企业联合成立的机构可以开展企业培训，比如由一家企业牵头、多家企业合作的培训模式，出资请附近大企业培训的模式，小企业集团式培训的模式，若干企业成立的培训协会模式等。总之，德国约有20%的企业有资格开展双元制职业教育中的企业培训。

三、双元制职业教育的实施效果

为企业和社会培养高素质的后备力量是德国人才培养的核心目标，双元制职业教育作为实现这一目标的主要手段，无论从教育角度还是社会经济发展角度都为人才供给做出了重大贡献。双元制的职业教育目标面向社会和未来，培养学生全面的职业行动能力及终身学习的意愿和能力，实现教育的多重目的。

（一）保障学生就业

在接受职业教育的各类学校学生中，多数选择接受双元制职业教育。在国家承认的 330 个职业培训中，上百万学生接受双元制职业教育模式。双元制职业教育使学生同时在学校和实际的工作环境中为个人的职业生涯和人生发展学习技能，每月获得用人单位给予的学徒薪酬津贴，掌握必要的职业技能，树立对企业的认同感，发掘自身潜力，最终实现个人就业和自我发展，完成社会化过程。

（二）推动企业发展

企业参与了制订基于企业的教学内容并开发相关标准，获得了满足其可持续发展所需要的高技能人才，保证了产品和服务的高品质，同时技术上不断得到创新，生产率得到提高，使中小企业保持了在国际市场上的强大竞争力。在全德国两百多万家企业中，有约 20% 的企业开展职业教育。每年有超过 50 万新生进入企业接受教育。企业为职业教育付出较高成本，2018 年，企业每个月支付学徒的费用平均为 908 欧元[①]，由此可见德国企业为职业教育的巨大投入。但通过双元制职业教育，企业节省了从劳动力市场招募人才的各种成本和对员工的培训成本，从长远看能够实现投资的高额回报。

（三）增强产业竞争力

双元制职业教育通过其对经济和社会所带来的积极影响，满

---

① BIBB，*Datenreport zum Berufsbildungsbericht 2019*，BIBB，2019.

足全国劳动力市场对高素质专业技术人才的需求，增强企业的社会责任感，保证青年失业率维持在较低的水平，并使学生进入社会后尽快融入职场生活。在政府层面，各级政府与企业共同分担职业教育成本，政府用于双元制职业教育的公共支出巨大，其中约60%用于支持1 600所提供双元制职业教育的公立学校，40%用于职业教育的指导、监督以及更多的保障措施。这使得职业教育体系在应对技术变革和社会变化方面具备较强的与时俱进不断更新的能力，政府和行业机构能够有效引导职业教育，确保教育质量，同时通过调控企业培训，加强企业的健康发展，增强整个产业的核心竞争力。

（四）促进人才流动

德国教育的国际化水平较高。根据联合国教科文组织统计所数据，2018年德国为第三大输出留学生国（第四大输入留学生国），出国留学生达12.25万人，仅次于中国和印度。如果从德国总人口来看，这一数据相当惊人。德国留学生主要目的地为奥地利、荷兰、英国和瑞士。此外，德国向世界推介学徒制教育模式，通过对当地学徒的培训直接服务于当地德资企业发展，并在当地宣传德国制造的优质品质。德国十分重视国际战略的政策制定与协调，比如联邦职业教育与培训研究所受国家委托承担全国总协调任务，协调在德国举行的所有国际职业教育会议。

四、全日制职业学校的比重

德国的全日制职业学校主要包括基础职业教育学校／职业专门学校、专门高中、职业高级学校等类型。当然，有些学校既开展全日制教育也开展双元制教育。全日制职业学校负责管理学生整个学习过程，包括学生去类似实训基地的教学场所接受实践课。双元制学校负责学生的理论和文化课教学，双元制企业负责实践培训，学生的身份是以学徒为主。

全日制学校中，最具代表性的是基础职业教育学校／职业专门学校，这类学校为学生提供一项或几项职业的教育与培训，这些职业需要正规培训和认可，学校也让学生备考一项专门职业所需的职业资格证书。

专门高中一般为 1～3 年学制，这类学校教授专业理论和实践知识与技能，以获得进入应用科学大学的资格。学生第 1 年在企业进行实习培训，第 2 年接受理论教学。有的地区的学校还要开展第 3 年的教学。学生如果能够通过第二门外语，则可获得进入综合大学的资格。如果学生受过相关的职业教育或有足够的相关工作经验，则可以直接进入第 2 年的学习阶段，这样，学生不仅能获取深层次知识、技能和能力，而且可以获得进入应用科学大学的资格。这类学校有助于德国教育体系各环节和层级的融通。

职业高级学校为 2 年制，这类学校的录取需要拥有中级证书，或相应水平的其他证书，并拥有至少经历 2 年职业教育毕业证或至少 5 年的相关实践经验。学生从这类学校毕业后可以进入应用科学大学，如果通过一门第二外语，则可进入综合大学。这类学校的学习也可以双元制模式进行。学生所学专业根据其学过的专业和实践经验而定。

全日制授课的专业主要有家庭经济类、护理卫生类、外语类、工艺类、社会工作类。有的学校侧重外语、商业职业，有的侧重专门的手工业职业，有的突出家庭经济职业和社会工作职业。这些全日制职业学校提供各自的证书，但不属双元制教育计划范围，不能提供全面职业资格证书。这些职业从未被纳入双元制教育，但对女性来说是特别重要的获取所需技能的职业的路径，跨过了学术性强的学校教育。在这类学校完成的学业可以在一定条件下作为需要正规培训的职业教育时间的部分学时。为了能够证明等同于在双元制教育的一个职业资格，毕业生可以参加有关部门组织的考试。根据培训目标，全日制的基础职业技术学校入学条件需要学生具有完成中学教育第一阶段的毕业证书或中级证书。在这类学校的学习时间根据职业的专业化程度而定，从1年到3年不等。

全日制职业教育规模远小于学徒制教育。全日制职业教育的专业范围较为有限，学生数量也很少。2018年，德国高中阶段接受职业教育学生为46.5%（欧盟27国平均值为48.4%），在这些接受高中阶段职业教育的学生中，有11%接受的是全日制职业教育。[1] 2016年，这一比例为13%，高中阶段学生总数为2 516 814人。其中，普通中学学生1 333 731人，职业高中学生1 183 083人，普职比为47∶53，在职业高中学生中，双元制教育的学生为1 030 975人，全日制教育的学生为152 108人。[2]

全日制职业教育的实践课与双元制职业教育的实践课有所不同。这两种职业教育围绕攻读的学历证书或职业资格证书进行专业学习。全日制职业教育实践课在学校和培训实训中心进行，或在企业进行实习。比如，电子信息等专业学生往往不需要去工作实地，卫生护理专业学生不能替代护士的工作，因此只能是以实习形式去接受实践培训。

第四节　德国职业教育法规

一、德国职业教育的立法及行政管理体制

德国联邦政府在教育问题上具有制定基本原则的权力，各州根据当地实际情况制定教育领域的具体法律。如果联邦政府

---

① OECD, *Education at a glance 2020*, OECD, 2020.

② Eurostat, *Pupils and students enrolled by education level, sex and age*. https://appsso.eurostat.ec.europa.eu/nui/show.do?dataset=educ_uoe_enra02&lang=en.

在某教育政策上的法律是空白的，那么各州政府享有充分的自主权。

德国联邦政府的教育主管部门为联邦教育与研究部。下设的各类专门委员会对行业进行深度调研，上报联邦教育与研究部，最后经全体成员同意后形成教育纲领政策。德国各州文教部的部长建立联席会议机制。各州文教部制订教学规划、教学目标、教学标准。各州在职业教育的管理上科学、民主、务实。州以下的教育部门是没有任何决策权的，只是根据州的政策行事。

二、德国与职业教育相关的法律

德国健全的法律机制，从根本上保障了职业教育的顺利运转。德国教育与研究部并不直接管辖职业教育，其最重要的职责之一就是制定职业教育法规。德国的高等和中等职业教育均依据职业教育的法律法规。以下是几个主要法律。

（一）《手工业条例》

中世纪的德国手工业十分发达，形成了最早的学徒制，这是德国双元制职业教育的雏形。德国联邦政府在 1953 年颁布了《手工业条例》。手工业行会推动立法，提出非学校类型的校外培训模式，这可以视作当代德国学徒式的职业教育的法律雏形。后来，政府多次对该法进行修订。

（二）《联邦职业培训法》

1969 年，德国联邦政府颁布了《联邦职业培训法》，该法构成德国职业教育法律法规的纲领性文件，是德国关于职业教育的基本法，是德国各个州制定职业教育相关法律的出发点和根本依据。《联邦职业培训法》包括初始教育和继续教育，规定职业教育的组织管理形式，明确受训者与培训者的关系，被誉为西方最严谨、最详尽的职业教育的法规。《联邦职业培训法》是德国职业教育法律的核心，是德国现代职业教育的一个重要里程碑。它标志着原本由行业自主管理的职业教育改由联邦政府协调管控的重大转变，对德国职业教育形成"政府主导，行业监管，企业主体，教学联合"的格局起到了关键性的作用。该法对职业教育中企业培训的内容和实施方法做出规定，明确企业、工会、行业协会和国家机关对企业职业教育的治理结构。

（三）《职业教育促进法》

20世纪中后期，德国的技术工人出现了严重的短缺，《联邦职业培训法》已不能满足德国经济快速发展的需求。联邦政府在1981年颁布了《职业教育促进法》，第一次将职业教育和培训挂钩，并降低培训的门槛，鼓励人们接受技术培训，提高技能，创造更好的就业机会。

（四）《联邦职业培训法》（2005年修订）

进入21世纪，德国的经济再次迅速发展。2005年，德国联邦政府将1996年修订的《联邦职业培训法》与1981年制定的配套法规《职业教育促进法》进行了合并修订。新修订的《联邦职业培训法》重新规划了职业教育在德国的法律地位，并推动制定一系列的规章，形成一套完整的法律体系，为德国经济的可持续发展提供源源不断的人才奠定了制度的基础。2020年该法又获修订，加强了联邦政府、州政府与行业企业的密切联盟关系。

此外，围绕《联邦职业培训法》，德国还制定了一系列其他适用法律，如涉及企业方面的《工商会法》《联邦劳动促进法》《企业基本法》，涉及工会的《劳资谈判法》《工贸协会权益调控预备法》《劳资联合委员会组成法》以及《青年劳动保护法》等。而职业教育中的学校教育则遵循《义务教育法》及各州制定的

《学校管理法》《联邦州教育政府部门委员会决议》来管理和保障。从职业教育实施上看，针对国家认可的 330 个职业，根据《培训条例和框架课程协调开发的联合协定》，联邦机构和各州的教育机构主管部门通过《联邦职业培训法》与《联邦州教育政府部门委员会决议》的授权，以立法的形式分别制定面向企业培训的《企业培训条例》及面向职业学校培训的《框架教学计划》，使这两个文件成为职业教育课程实施的统一标准；各主管机构行业协会制定《培训师资质条例》和《考试条例》，对职业资格进行认定。这样一套完善的法律体系保障了职业教育从管理机制、执行机制、监督机制到考核评价机制的完备性。除了上述德国联邦政府关于职业教育制定的重要的法律文件以外，各州文教部还制定了许多有关职业教育的政策法规。

第五节　德国国家资格框架和职业资格证书

一、德国国家资格框架

2013 年 5 月 1 日，在教育与研究部、经济事务与能源部、州文教部长联席会议和州经济部长联席会议的联合决议基础上，德国国家资格框架得以正式建立，每年更新。德国国家资格框架已进入付诸实践的操作阶段。截至 2017 年 8 月，德国国家资格框架分八级，共涉及 33 种资格类型，涵盖普通教育领域中的各级普通教育毕业学历、职业教育领域中的职业资格和高等教育学历框架中的学位（学士、硕士、博士）。德国国家资格框架是全国范围内的终身学习框架，标志着德国建立起以学习成果为导向、注重学习者职业能力培养、体现终身学习理念的资格框架体系，成为其"工业 4.0"国家战略的关键"强化剂"。通过国家资格框架的建设，德国相互融通与衔接的现代职业教育体系得到治理和完善。

参照欧洲资格框架，德国国家资格框架分八级，不仅与欧洲资格框架的各级相对应，并且对各级资格的类别和能力描述有明确的解释，这种做法以某种方式扩展和充实了欧洲资格框架的内容。同时，德国国家资格框架还具有四个"支柱"，即知识—技能—社会能力—自主（自治）性，其中，"知识"与"技能"属于职业（专业）能力，"社会能力"与"自主（自治）性"属于个人能力。它强调了对能力的整体理解在德国教育体系中的至关重要性。德国国家资格框架各级资格均向职业教育开放，普通教育和职业教育的匹配性强。

二、德国职业资格证书

（一）职业资格的纵向种类

从大多数职业资格证书看，德国的职业资格证书规定的标准是围绕德国联邦职业教育与培训研究所协同相关行业指导机构制订和更新的330种职业的标准来设立的。与各工种的职业标准不同，德国的职业资格证书规定的标准是教育方面的职业标准。这些标准包括每个职业的教育目标、内容、考试等方面的要求，是各培训企业开展学徒式教育的大纲，也是各州职业学校教授专业理论课的依据。而双元制教育占据了多数证书教育，双元制的关键一元，即企业及行业协会主要负责实训、考核和颁发职业资格证书。当然，双元制教育以外的证书还是多由教育行政管理机构负责组织教学、考核和颁发。从教学机构纵向划分，证书分为以下类别。

1. 高校入学资格证书

高校入学资格证书主要针对在文理中学或者综合中学内完成学业的学生，证明学生具备在高等教育机构中继续学习或在高等教育机构之外继续进行职业深造的能力。这一资格证书是众多德国高中生苦学的目标，因为它是进入高等教育机构的最主要途径。除要有平时成绩外，还要完成毕业论文，要通过获得高等教育入学资格的考试，该考试包括至少三次笔试和一次口试，由学校组织开展。目前，获得高校入学资格不再是接受高等教育的唯一途径。"专业受限的大学入学资格"（即只能学习指定的大学专业）和"应用科学大学入学资格"成为进入高校的两个替代方案。

2. 双元制职业教育机构颁发的职业资格证书

由于只有少部分高中生能够获得进入高等教育机构的机会，双元制职业教育在整个教育系统中非常重要，在各个相关年龄层中，平均60%的人在25岁前至少接受过一个双元制职业教育项目。该证书旨在证明已经完成在双元制职业教育系统（包括公司提供的在职培训和培训学校提供的兼职培训）中的一段时期的培训，培训内容主要是学生的相关行业技能和素养。原则上国家规定的培训项目时长为三年到三年半，在规定的培训期结束后，受训者将参加由负责培训的商会组织的期末考试。该考试包括一次笔试和一次面试，考试内容是相关职业所要求的技能和培训课程所教授的理论和实用知识，通过该考试即可获得正式资格证书。这类资格证书被视为进入技术劳动力市场的先决条件。其实，学徒可以获得三种证书：一是学校文化及理论课结业证书，二是所在企业的培训证书，三是行业协会颁发的职业资格证书。前两者都不具实际意义，不纳入行业组织的职业资格证书考试成绩，而后者则是学徒最为看重的，因为它有助于就业和获得一定水平的薪酬。

3. 全日制职业教育学校颁发的资格证书

要获得由卫生系统运营的学校证书，学生必须完成1~3年的课程并通过期终考试。专科、高中也提供这样的教育课程，以帮助学生获得应用科学大学录取资格、专业受限的大学入学资格和不受专业限制的大学入学资格。在就读于全日制职业教育学校的人中，也有很少一部分人同时参加双元制职业教育。

4. 高等教育机构颁发的职业资格证书

由大学和应用科学大学颁发的这类证书证明学生完成了一个科目或几个科目的课程学习。大学颁发的证书的指向是学术研究。应用科学大学的目标则是传授学生相关职业所需要的应用技能，从而将学生塑造成能胜任一定技能岗位的人才。获得证书的条件是在考试条例所规定的时期内顺利完成课程的各个阶段，通过每个学科的考试，并通过最终的笔试及口试。大学里的传统课程学制为 4～5 年，应用科学大学的学制是 3～4 年。

5. 高级职业资格证书

学生获得双元制职业教育资格证书或全日制职业教育资格证书进入就业市场之后，也可以继续学习，取得高级职业资格证书。高级职业资格证书由联邦政府、州政府以及相关商会根据《联邦职业培训法》共同管理。州政府负责颁发证书。联邦政府和相关商会共同管理手工业高级证书和服务业高级证书，这两种证书共涉及 200 种专业。此外，还有 450 种高级职业资格证书由商会单独管理。虽然手工业高级证书和服务业高级证书均是高级职业资格证书，但二者所证明的学业成果截然不同。服务业高级证书证明的是持证人在相关岗位上有两年工作经验，同时顺利完成了 1～3 年的正式学习课程，并且通过该课程的期末考试。手工业高等证书则是证明持证人已具有职业资格证书，同时至少具有 2～3 年的相关工作经验，并且通过四个领域的考试。

（二）职业学校与培训企业的证书颁发机构

德国涉及职业教育的法律条文较为完备，《联邦职业培训法》对学校教育和企业培训有明确的规定和要求。从占据高中阶段教育半壁江山的、以双元制为主的职业教育看，行业企业的培训分量重，优势凸显在学徒身份、培训时长、培训证书等方面，而接纳学徒的学校则只负责文化和理论课培训，学制结束时的考试在升学和就业上含金量不大，无法与行业颁发的资格证书相比。

学生在企业和企业间培训中心接受培训的时间占学制的三分之二。为了确保培训质量，只有五分之一的企业拥有接受学徒的资格。培训者的水平在法律文件《培训者能力条例》中有明确标准要求，而联邦职业教育与培训研究所则负有制定相关概念、教材和评估标准的使命，为企业培训者提供指导和培训。[1] 种种措施确保了行业颁发的培训证书的价值和权威性。这类证书占据多数，证书颁发主体的社会化程度高。

占职业教育学生 11% 的全日制职业学校学生的专业主要是一些有限定的专业，如卫生健康等。这类专业的实训不可能像其他部门那样，学生直接介入生产实践，领取报酬。因此，对这些学生来说，实训的机会更多是实习性质。这些由教育行政部门颁发的证书更多的是依据学校与有关部门共同制订的教学计划来攻读。其他一些升学的证书，特别是进入高等教育的证书，主要由教育行政主管部门颁发。

第六节　德国职业教育的经费

一、德国教育经费开支

德国的教育开支占国民经济生产总值的比重在经合组织成员中处于中等水平。2018 年，教育总开支比重为 6.5%，达 2 183 亿欧元。[2]2019 年，公共教育开支比重为 4.4%，达 1 502 亿欧

---

① GIZ, *The role and skills development of in-company trainers in development cooperation*, Bonn, April 2017.https：//sea-vet.net/images/seb/e-library/doc_file/320/the-role-and-skills-development-of-in-company-trainers-in-development-cooperation-2017.pdf.

② BMBF, "Education and Research in Figures 2020", *BMBF*, 2020.

第一章　德国职业教育体系

元，其中，联邦政府开支 99 亿欧元，州政府开支 1 053 亿欧元，市镇地方政府开支 350 亿欧元。公共教育开支占公共总开支的 21.5%。[1] 各级各类教育的生均拨款却高于经合组织成员平均值，特别是职业教育投入方面。例如，2016 年，职业教育生均投入达到 16 323 美元／人，远高于平均值的 10 922 美元／人。校外培训的经费主要来自企业。

德国的教育开支主要来自公共经费，比例达到 86%。中小学教育经费的大部分来自州政府，达到 75%，联邦政府仅占 7%，市镇政府占 18%。州政府负担中小学教师工资，市、镇政府负担非教学人员工资和物资开支。德国的基本法限制了联邦政府对幼儿园和义务教育的投入。由于各州情况不一，各州教育投入差异较大。另外学校财务的自治权受到限制，在高等教育，有 78% 的经费来自州政府，20% 来自联邦政府，2% 来自市镇政府；而经合组织成员中来自中央一级的经费高达 83%。尽管许多州政府要求对大学提交的财务计划进行审批，但大学的经费是一揽子拨付，大学在财务责任和财务自治上还是有一定的权利。几乎所有州都使用绩效指标来确定高等教育经费。德国大学没有学费，但学生要支付一小笔服务费用。[2]

二、德国职业教育财政投入模式

德国颁布的职业教育法律多涉及职业教育经费。《联邦职业培训法》是德国应对新世纪挑战、大力发展职业教育的重要法律保障，其适用的对象是企业职业教育和学校外职业教育，它明确了作为举办双元制职业教育主体之一的企业提供职业教育经费的责任，在人、财、物等具体方面制定了相关的法律

---

① Euridice, *Germany-funding in education*, 2021. https://eacea.ec.europa.eu/national-policies/eurydice/content/funding-education-31_en.

② OECD, *Education policy outlook*: *Germany 2020*, OECD, 2020.

条款。

德国的职业教育经费投入是混合多元的模式，由公共财政和私营经济组成，企业和政府是两大投资者，具体包括教育与研究部，经济事务与能源部，劳动与社会事务部，劳动局，各州政府及其相关的就业、经济、教育、文化事务部，欧洲联盟，地方政府，企业，行会，商会，协会，私营机构和个人。如果细分，共包括五种形式：企业直接资助、企业外集资资助、混合经费资助、国家资助和个人资助。

企业直接资助是双元制职业教育经费的主要渠道。企业投资建立职业教育中心，购置培训设备并负担实训教师的工资和学徒的培训津贴，大中型企业主要采用这种模式。2017 年企业为每个学徒每月提供 876 欧元津贴。根据另一研究，2017—2018 年，企业每年为每个学徒教育开支 1.8 万欧元，62% 用于学徒津贴和社会福利，23% 用于培训师工资，5% 用于设备，10% 是其他开支。[①]

企业外集资旨在为防止培训企业和非培训企业之间的不平等竞争而设置的一种教育投资形式。根据集资的对象不同，又进行了细化，主要有三种：中央基金形式、劳资双方基金形式和特殊基金。

混合经费资助是在企业直接资助和企业外集资的基础上形成的，因为这种经费投入是国家对企业的税收予以优惠政策而产生的，所以是一种间接的资助形式，主要包括五种：及时扣除款、专门扣除款、固定扣除款、补偿款和社会福利优惠款。

国家资助主要是通过州政府、联邦劳动局和联邦职业教育与培训研究所向各类职业学校、跨企业培训中心和职业继续教育机构提供的。联邦政府的资助与州政府的资助不同，后者主要负担职业学校的人事等经费。州政府负担教师工资、培训费、运营等

---

① CEDEFOP, *Vocational Education and training in Europ: Germany 2018*, CEDEFOP, 2018.

学校内部事务经费，市、镇政府负担基建、维护、教学资源等外部学校事务经费。

虽然德国的职业教育经费筹措渠道多，但是他们之间有明晰的事权划分。从国家的角度讲，德国联邦教育与研究部是德国联邦政府部门之一，负责为研究计划和机构提供资金，制定职业教育政策。但教育政策大部分是由州政府负责，所以限制了联邦教育与研究部的权力，即使权力受到限制，但是州政府出台相关政策时，必须通过联邦教育与研究部的审核，并与联邦教育与研究部的价值取向保持一致。从地方政府来讲，州政府的文化教育部门享有对当地教育事业最高的管理权限，具体负责各州的职业教育。职业教育委员会把企业、政府、职业教育紧密地联系在一起。从地方教育机构来讲，主要由相关教育部门对学校进行日常的管理。从行业协会方面来讲，德国《联邦职业培训法》和《手工业条例》规定，行会协会在不违反教育与研究部政策的前提下，可以因地制宜地制定相关章程，在融资上发挥一定的作用。

三、德国职业教育经费投入

德国职业教育的生均开支要低于普通教育生均开支。2016年，德国各类中等教育机构的生均开支为 7 100 欧元。具体来说，含有主体中学和实科中心两种教育的综合学校生均开支为 8 100 欧元，主体中学为 9 300 欧元，文理中学为 8 100 欧元，实科中学为 6 700 欧元，小学为 6 200 欧元，全日制职业中学为 7 800 欧元，双元制职业中学为 3 100 欧元（由于双元制教育仅有三分之一时间是在学校，故生均开支较少）。2017 年，在初等教育和中等教育经费 973 亿欧元的总开支中，普通教育为 710 亿欧元，全日制职业教育为 124 亿欧元，双元制职业教育为 113 亿欧元，余下为其他开支。在高等教育的 397 亿欧元总开支中，高等职业教育为 11 亿欧元，普通高等教育为 363 亿欧元（其中研究与应用型高等教育为 173 亿欧元），余下为其他开支。在其他教育的 209 亿欧元开支中，继续职业教育为 112 亿欧元。[①]

双元制和全日制职业教育的经费投入不同，全日制性质相对简单，主要是对公立学校的投入；而双元制由于有企业和行业协会的参与，其管理体制是由社会众多部门参与的多元多层次的管理体制。因此，除联邦政府和州政府外，经济部门、行业协会、联邦劳动局、各类公共部门和教会均是其发展的直接参与者，这也决定了德国职业教育经费来源的多途径性。

根据资料显示，德国企业每年平均为一位学生提供的培训费用为 1.8 万欧元[②]，按平均学习年限计算，培养一个学生企业要支付 5 万多欧元，这对于中小企业而言费用偏高。德国政府对基于学校本位的职业教育经费支持一直是政府的主要投资对象。

双元制职业教育企业没有国家财政补贴，企业还要为受训者提供报酬。该报酬的数额随不同地区（如德国东部和西部）和不同职业而不同。如果受训人没有任何收入来承担其生活费用、课程花费，以及交通和其他支出，则有权获得一笔在培训中或培训前发放的培训津贴。

第七节　德国职业教育的师资与生源

一、教师和培训师

德国职业教育的师资可以简单分为教师和培训师。教师在职业教育学校授课，培训师在培训企业传授一个职业的应用知识和

---

① BMBF，"Education and Research in Figures 2020"，*BMBF*，2020.
② CEDEFOP，*Vocational Education and training in Europ：Germany 2018*，CEDEFOP，2018.

40

第一章　德国职业教育体系

实践技能。当然，学校员工队伍中还可以包括介入职业教育的心理专家、医生和社会教育工作者。职业学校教师还可分为两类。一类是在一般职业学校任职的教师，他们教授所学科目的理论知识和文化课。另一类是在工业和技术学校、手工艺学校以及商务学校教授实践知识的老师，这些老师主要是向接受企业培训的学徒提供应用性教学。这些实践课老师往往是通过国家考试的技术员或经过认证的工匠。在工艺学校和商校，这些教师需要具有相应的专业资格。

（一）学校专业理论课和文化课教师

学校教师的培训由各州文教部负责，相关的法律文件包括有关教师培训法律规章、有关教师职业的学习计划的准则、有关教学实践的培训准则、有关国家第一次和第二次考试的考试准则等。考试由国家考试办公室或州考试委员会负责。

职业学校专业理论课和文化课教师职位需要的学术条件较高，教师拥有公务员地位，这类教师既教专业课，也教文化课。职业教育学校教师需要接受三个阶段的教育。

第一阶段是大学 8 ~ 10 学期的课程学习，一般要获得硕士学位。这一阶段包括以下内容：选择 16 类专业中的一类作为职业科目和一种文化课作为主要文化科目，学习教育学和心理学等教育科学，在学习专业科目的同时学习教学方法，积累数周教学经验。

第二阶段是教学实践，内容包括在指定的职业学校听课、有辅导地教学、独立地教学、在实践讲席活动中的教学法和教育科学运用。教学实践一般需要两年时间，结束时需要通过国家考试。

第三阶段是在职的继续终身教育，旨在促进教育职业能力的进一步发展、维持、更新和拓展。

如上所述，进入高等教育机构学习，申请人需要通过证明有资格升学的毕业证书或在有准入限制的职业方面获得升学的专业证书。申请人还必须在相应职业领域拥有职业资格，有 3～12 个月的实际职业应用经验。学业结束时必须通过有关职业学校教学岗位的国家考试，在有些大学，毕业学历证书可以替代国家考试，比如职业教学学历证书、商业科目教学学历证书、商业学校教学学历证书等。将专门学历证书课程以及教师培训课程转换成相关的学士或硕士学位的教育是欧盟的趋势，教师培训学院与应用科学大学之间的合作是职业教育学校教师培训的一个模式，在这类模式的高校中，需要进行 7 个学期的学士学位学习和 3 个学期的硕士学位学习。

（二）学校实践课教师

学校实践课教师对在工厂做学徒的学生进行专业实践活动指导，指导重点在技能掌握和技术操作上。对职业教育学校教授实践课的教师没有高等教育学历等硬性要求。这类教师需要具有工长、工匠、州政府认证的技术员头衔或专业本身的其他相关资历。他们通常需要通过工匠资格考试或商业/工业学校毕业证书，同时需要多年相关职业的从业经历。这些教师多数不属于公务员。另外，他们要接受一年或两年的专门教学培训，根据各种法律接受培训，培训分两个阶段，先是在大学学习，然后是预备实践活动。培训过程遵循各州文教部长联席会议 1995 年通过，2013 年修订的框架协议《关于在中学第二阶段（职业科目）或职业学校教学所需培训和考试框架协议》。由于教师短缺，有些州发布规定，允许有大学学历但未受过传统教学培训的申请者进行实践教学。

（三）企业培训师

根据企业大小，企业中的培训师可以是专职的，也可以是兼职的。除了从事基本培训职能的培训师，企业还可以有培训工长、培训工程师、培训顾问和培训领导者。

德国的每个职业都有专门的国家统一的培训准则，准则的要求是强制性的。专职培训企业以及有资格培训的企业的培训人员资格主要由相应的商会／行会监管，培训内容也是由商会／行会确定。而要成为培训师，不仅要有个人学历证书，还要在职业上和教学上获得相应的证书。一般来说，培训师必须年满 24 岁，必须在需要正规培训的相应职业方面的最终考试合格。教学能力培训通常要根据《培训师能力条例》进行考试测评。联邦职业教育与培训研究所建议这种考试课程需要 115 个学时，该研究所为了支持企业培训师还专门为不同的培训职业免费提供信息和资料，为企业培训师和考试委员会成员提供网络平台。

当然，如果申请人能够展示满足条件的实践经验，参与其他类型的考试成绩合格的话，也能得到认可。职业和教学资格包括独立规划、执行和监管培训活动的能力，并侧重创新和建设性行动。

二、学生分流与职业教育学生

德国职业教育高中学生接近全部高中学生人数的一半，能为社会提供庞大的劳动力市场，企业从中势必能够招聘到很多高素质的员工。在双元制职业教育中的学徒式培训环节，德国企业与技术水平高、有发展潜力的学生签订学徒培训合同，为人才储备打下基础，因此这种人才培养机制也受到各国的赞誉。当然，近年来，德国参与双元制教育的在企学徒人数有所下降，这与升入应用科学大学的学生增加以及经济不景气相关。

由于德国有职业教育的传统，在中学阶段伊始，学校即设立学业指导服务，为学生的学业发展提供科学咨询和指导，使学生能够尽早地为职业生涯做准备。多数州的中学开始于小学 4 年学制之后，学生在进入中学教育第一阶段的第5年级和第6年级就开始分流定向。在这两年中，学校会针对每个学生的学业能力确定或调整学生其后的就学方向。家长没有太大的决策权，其实，很多家长早在孩子小学4年级时就开始介入孩子未来中学的选择，学生和家长对附近不同类型的中学学校参观访问，获得初步印象，所在小学也对每个孩子的未来提出建议。家长大多期待孩子能进入好学校。

中学教育第一阶段的5年制主体中学的学生在毕业后获得相应证书，以便进入第二阶段的双元制职业学校或其他职业学校。实科中学也与主体中学情形类似。因此，这两类中学实际是以职业为导向的学校，但由于处于义务教育阶段，故被作为普通教育。1952年时，主体中学能够招收到80%的适龄学生，而到2018年，这一比重仅有9%，由此看出，民众对这种学校接受度较低。但是由于德国在中学第二阶段的职业教育侧重双元制模式，长期以来学生毕业后就业出路较好，员工的工龄在工资中起一定作用，因此社会也没有形成盲目追逐学术类学校的风气，接受职业类教育的学生也无自卑心理。主体中学、实科中学、文理中学三种类型学校仍然能够继续并存，因此初中前两年的学生分流指导工作带有更多的传统色彩，总体来说学校的意见仍然起主导作用。

德国学生选择职业教育的原因有很多种：有的学生在学习过程中发现不适合学术教育，考试成绩难以合格；有的学生因为成长环境的影响，从小热爱上了某一种职业，希望能够基于自己的兴趣从事某种职业；有的学生看重职业教育过程中的实践经验。通过对参加职业教育的学生学历分析发现，其中有较大比例是已经取得高等教育入学资格的学生，这说明他们是真的看重职业教育的优势。此外，职业教育提供的继续学术发展的途径比较畅通。政府对职普教育比重无硬性规定，因此多年来的学生分流定向保持基本稳定。

应该指出，虽然职业教育出身的学生也有人成为银行家或社会名人，但人数毕竟有限。学术研究工作更受到社会重视，获博士学位者的护照上甚至标上"博士"的称呼。

从家庭背景上看，职业教育体系接收了近一半的适龄学生，其内部存在不同的阶层的学生，比如在实科中学读书的学生主要来自中下阶层家庭。

第八节　德国职业教育的改革发展

一、德国双元制职业教育的局限性

德国的双元制职业教育模式受到许多国家的推崇，但这种模式也不宜照抄照搬。法国对其就持有一定的保留意见，法国技术教育发展协会指导委员会主席色纳（Cenat，Jean-Luc）认为必须对学徒式教育的固有缺陷有所认识。首先，政府将培训大量学生的任务交给企业，的确能减少公共开支并将教育与生产拉近，促进就业，然而一旦经济形势不好，企业用工需求减少，势必殃及学徒，出现难以解决的社会不稳定问题。其次，由于德国政府为企业和学校设定330多门职业课程，知识和能力过于定式和专业，而学徒固定在一个企业培训三年，不利于学生掌握一个行业的通识知识及综合技能，导致就业面变窄。再次，即使行业培训积淀深厚，学徒培训师的教学也不能完全适应科技发展、知识更新的现实需要，教学方法调整需要时日，致使学徒难以接受最及时到位的教育培训。最后，企业更期盼具备革新思想的精英，而不是技能可持续性差的员工。①

---

① Merle Jacques. "Quel avenir pour l'enseignement professionnel?", *Politique autrement*, Septembre 1994. http://www.politique-autrement.org/Quel-avenir-pour-l-enseignement-professionnel.

过早分流和突出高中职业教育传统可能加大社会不平等和教育不平等问题，这些矛盾虽然在劳资双方表面和谐的关系上被掩盖，但实际上可能导致出现繁荣之下的社会隐患。比如欧盟报告指出，德国学生已经对高中职业教育逐渐失去兴趣。[①] 高中毕业生平均工资与大学毕业生相比差距高达 69%，是经合组织成员中最高的，经合组织平均值为 57%。[②]

二、德国双元制职业教育在挑战中发展

尽管如此，德国的双元制职业教育制度在世界的职业教育领域仍然起到指明灯的作用，很多国家从德国的职业教育制度中汲取理念、丰富经验。德国也在不断巩固发展这一存在已久的职业教育制度。随着社会的发展，德国的双元制职业教育制度在挑战中平稳发展，主要表现在以下方面。

供求关系仍存在令人担忧的不平衡。企业提供的培训机会有所增加，但仍然有不少学徒申请者得不到企业培训合同。2016年新进入包括双元制教育的职业教育体系的学生为 705 407 人，因没有获得培训合同而进入过渡阶段教育的学生达 298 781 人。[③] 到 2018 年 9 月底，企业签署了 531 400 份学徒合同，比上一年增加 1.6%，与此同时，企业拒绝的申请数以及没有招聘到所需学徒的企业也不少。一些无法获得企业培训合同的学生要么在"基础职业教育年"等待，要么选择艰难的升学道路。[④] 这种供求不匹配现象在任何社会都会存在，但令人担忧的是其他因素有可能进一步影响企业和学徒的供求关系基本平衡，一旦国家经济萧

① EC（2019），*Education and Training Monitor 2019：Germany*，Publications Office of the European Union，Luxembourg.https：//ec.europa.eu/education/sites/education/files/document-library-docs/et-monitor-report-2019-germany_en.pdf.

② OECD，*Education Policy Outlook：Germany*，OECD，2020.

③ BMBF，"Report on vocational education and training 2017"，*BMBF*，2017.

④ BMBF，"Report on vocational education and training 2019"，*BMBF*，2019.

条，企业用工减少，势必出现学生找不到接收学徒的企业、学徒合同终断等情形。另外，全日制职业教育学生，特别是健康护理、教育和社会服务方面的学生数量呈现明显的增长。老年社会的到来，幼教的缺乏和社会进步可诠释这一现象。学徒合同终止的数量仍然保持在四分之一的比例，当然，有一部分终止是因为学徒改变职业种类或更换培训企业。德国以双元制为主的职业教育规模呈现萎缩的态势，2009年的职普教育比为57：43，到2019年这一比例降到47：53以下。[①] 近年来，包括德国在内的发达国家的中职学生明显出现由高中升大学，大专升大本和硕士的发展趋势，学徒人数出现持续缓慢萎缩，迫使一些企业从过去的遴选学徒转为招引学徒。

培训企业的数量在减少。培训企业占比曾经达到22%，但近年来由于小微培训企业的撤出，数量有所减少。

面对诸多挑战，德国社会采取一系列措施来维护学徒制和职业教育的发展。在机制建设和促进项目上，由联邦政府、劳动局、工会、企业、协会组成的"初始职业教育与继续职业教育联盟"扩大支持职业教育的力度，"联邦政府与合作伙伴协议"加强协作，就业分流指导咨询机制加强对青年的帮扶，政府通过专门项目对小微企业参与培训给予资助鼓励。在立法完善上，对职业教育等法律进行修订，例如，在职业教育地位方面，通过相关措施使职业教育与普通教育的平等地位更加突出、更加容易实现；在健康护理、教育和社会服务方面，加大对护士和护理等方面的支持，增强职业的延续性，充实职业覆盖范围，取消学费，提供补贴。在职业教育的标准和质量上，更新和开发数字时代新职业课程，加强涉及理工科的职业教育，对学校、培训企业给予资金资助以改善办学条件，跟上时代步伐。在宣传上，把2019

① Schmillen A, Stuber H., "Bildung lohnt sich ein Leben lang. Lebensverdienste nach Qualifikation", *IAB-Kurzbericht*, 1（2014），janvier 2014.

年定为职业教育年，增加职业教育吸引力。在扶助弱势群体上，为了帮助学生获得企业学徒合同，采取在职业教育分流前对学生进行准备工作辅助，在学习期间给予支助和辅导，同时为了让移民和难民子女不掉队，给予特殊帮扶。[1]

---

① Federal Ministry of Education and Research，*Report on Vocational Education and Training*，*2019*. https://www.bmbf.de/upload_filestore/pub/Berufsbildungsbericht_2019_englisch.pdf.

第二章　法国职业教育体系

第一节　法国近现代职业教育的历史发展

与德国的教育行政权力较为分散的情况不同，法国的教育行政权力高度集中，中央政府对教育的管理布局从国家、大区、省，到市、镇等各级，各地主管教育的部门并非受地方政府管辖，而是直接受中央一级管辖。高度集中的教育行政权力和统一的普通教育模式一定程度上影响了学校与企业在职业教育方面的联动。

一、技术教育与职业教育

法国近代职业教育出现于 19 世纪。在职业教育方面，最早的国家办学行为是 1803 年在法国贡比涅建立的"艺术与职业学校"。这所学校起初侧重对熟练工人的培训，后来加大了对技术员和工程师的培训。法国于 1829 年设立了高级小学，这类学校强调科学知识学习的工业应用。从这一时期开始，法国的现代教育体系开始分化出普通教育和职业教育。

职业教育在法国出现伊始，学徒教育形式就伴随其中。工业化不断深入使传统的"单人工匠职业"（由一人在单个工种中拥有整个能力和技能）不能再适应社会生产发展而逐渐消失，工业化的发展要求所有劳动者均有特定的技能，大规模学习实用技术成为社会的急需。1873年1月6日，法国以学徒形式成立一所正规职业学校，首次将理论培训与车间工作相结合。而从制度上确立的学徒制教育课程始于1919年的《阿斯蒂埃法》，国家承担对工人子弟进行职业教育的费用，为十八岁以下工厂学徒设立免费义务职业课程。1971年法国颁布的有关学徒制法律《基沙尔法》对学徒制教育做出了相对完整的定义：面向那些符合学校要求的青年，学制为2~3年，一部分培训在企业进行，一部分在学徒培训中心进行，学成后可获技术教育证书的"一种教育形式"。

1863年成立的职业教育委员会在提交法案时，把职业教育称作"技术教育"，含义即"对有用技术的践行，在工农商各行业对科学知识的应用"，这一教育当时被置于商业部的管辖之下。法国的教育部门认为职业教育应该服务于共和国教育，商业部及实业家认为职业教育应服务于国家经济发展。传统学徒模式的教育由于法国大革命对行会的打压、师傅传授技艺保守思想的延续以及实业家的短期逐利的行为，一直停滞不前，只是到1912年开始通过设立"职业能力证书"，才有了新的发展。1937年开始，法国政府提出若干法案，试图用双元制替代其传统的学徒制，但在地方上这种做法没有被执行。"二战"后，国家的重建需要大量成熟的技术工人，技术教育被视为"无产阶级精英教育、劳动人民教育"。1946年，郎之万-瓦龙（Langevin-Wallon）委员会将职业教育分成"实践（学徒中心）"和"技术（学校）"两科。在随后的实践中，学徒中心主要培养工人，学校主要培养技术员。1959年"高级技师证书"设立，1966年大学技术学历设立。1965年设立技术员高中会考，接受技术教育的学生拥有了升大学的机会，1976年设立职业教育高中，职业教育元素开始与技术教育分离，或者说人们开始单独使用职业教育的概念。

1985年设立职业类高中会考。20世纪70年代职业教育经历重大改革，之前"技术教育"的概念比较笼统地代表了"技术教育"和"职业教育"；后来"技术教育"有了特定的内涵并与"职业教育"有了明确的区分，比如技术高中更侧重以升学为目标、强调技术知识的掌握、兼顾理论和实践的教学，职业高中则以就业为导向、强调实践技能培养。由于对"技术教育"的理解偏重传统的技术深造，这样，普通教育和技术教育作为升学教育得到统一，普通高中和技术高中普遍出现。

由于职业教育学校的弊病频现，人们开始借鉴德国的双元制教育模式。1971年7月颁布的《学徒制法案》，允许由工商会、行会、私人组织和政府部门学校建立学徒培训中心。学徒制主要服务于职业高中生，但可以扩大至各级各类学生。1987年7月颁布的《色甘法》规定，攻读职业类教育的可以通过学徒制教育来实现。法国全日制占主导地位的"由传授理论课和文化课的教学机构主办学徒制教育"构成职业教育的一个特色，即学徒主要在学徒培训中心接受理论教育和参加证书和文凭考试，在企业进行实践融入。

二、全日制职业教育与学徒制职业教育的地位

早在1833年，《基佐法》即提出建立高级小学，开展普通教育和职业教育，为穷人的孩子开展职业教育。"一战"以后，职业教育蓬勃发展，1919年《阿斯蒂埃法》规定建立专业学校。而对于企业，政府认为培养职业教育学生是为了企业的利益，理应通过对企业税收，反哺职业教育，以此达到相互促进的目的。因此，1925年学徒税出现。而双元制职业教育的发展也给政府带来担忧，大量双元制学徒是与企业签订合同，是企业员工身份，一旦遇到社会动荡或经济危机，首当其冲的就是这些学徒。随着教育民主化的发展浪潮，学徒制教育于1959年达到高峰后，

没有像德国那样继续发展，而开始走下坡路。1968 年教育大众化革命首先始于职业教育，随后波及普通中学和大学。由此建立的全日制职业教育体系逐步健全强大。迄今为止，法国的职业中学学生中接受学徒制教育的仅为四分之一。学徒制教育因学徒与企业签订合同，是企业准员工身份的模式，游离于正规学校体系之外。学徒培训中心负责学徒的理论和文化课教育并组织学徒参加国家统一考试。学徒培训中心的教学工作由教育部监督，这类机构的类型和属性较为复杂。

第二节 法国现代教育体系中的职业教育

一、国家在教育中的地位

法国初始职业教育管理最为突出的一点就是政府全权负责。它的公私划分更为清晰，即由政府包揽，不允许学校去创收，不许企业与学校开展任何带有商业目的的合作，杜绝鱼目混珠、中饱私囊的现象。私立学校占很少一部分，也都与国家签订协作合同或简单合同，由政府资助并负担教师费用等。

法国国民教育部负责从学前到高中（包括职业及其他类别高中）阶段的教育与教学，甚至管理这个阶段的体育、艺术、文化活动。国民教育部预算在国家政府部门中占比最大。法国 2017 年上台的新政府将高等教育管辖权再次从国民教育部剥离出来，新成立的高等教育、研究及革新部作为独立政府部门运作。两个政府部门长期以来合合分分，但协同工作的传统如常。

法国教育由中央管理，全国分为若干学区，由学区教育委员会执行国家教育政策，不同的行政层级管理和负责不同层级的学校：学前与小学由市、镇负责管理，初中由省负责，高中（包括职业高中）由大区负责，大学则由中央负责。

二、教育体系架构中的职业教育

法国的教育体系（见图 2-1）十分复杂，根据法国国民教育部网站信息，法国义务教育年限为 12 年，也可以被看作 15 年，根据 2019 年 7 月出台的《可信任学校法案》，16～18 岁青少年必须接受义务培训（此义务培训指非严格意义的培训，包括就业、公民服务、教育指导机构培训、就业和社会安置机构培训等形式）。义务教育始于 3 岁，学前教育为 3 年制，小学教育为 5 年制，初中教育为 4 年制，高中教育为 3 年制。初中阶段结束后，学生通过考核可获国家颁发的初中毕业学历证书；高中阶段结束后，学生通过高中毕业升学会考可以进入大学。与其他国家不同的是，法国中学的 7 个年级的学制中，将第一年级称为"会考前的第六年"，将第六年级称为"会考前的第一年"，将第七年级称为"最后一年"。通过高中会考后，高等教育大专学历被称作"会考加两年"，本科学历被称作"会考加三年"。由此可见，会考在人生中的决定性作用。法国的学生分流定向是在初中的最后一年，由多方人员组成的班委会根据学生平时成绩提出该学生分流至职业高中或普通高中和技术高中的方案。

法国职业教育的主要阶段为高中职业教育，学制分为 2 年或 3 年全日制和学徒制。即在职业高中开展文化、专业理论和实践学习并在企业单位实习的全日制，以及在学徒培训中心开展学徒理论学习和在企业开展实践的学徒制。

全日制职业教育的开始时间已经由初中阶段转为高中阶段，初中毕业生如果就读高中职业教育，一般有两种选择：一是经过两年的学习获得职业能力证书（CAP）或职业学习证书（BEP）；二是经过三年的学习参加职业教育高中会考（BAC），获得职业教育学历后既可选择就业，又可选择进入大学。学生在选择证书和学历两种教育之间、在全日制和学徒制之间可以相互转换，读完证书后，如果不想进入社会，想升学，可以再进入三年制职业类高中会考证书教育中继续学习。法国职业高中区别于普通和技术

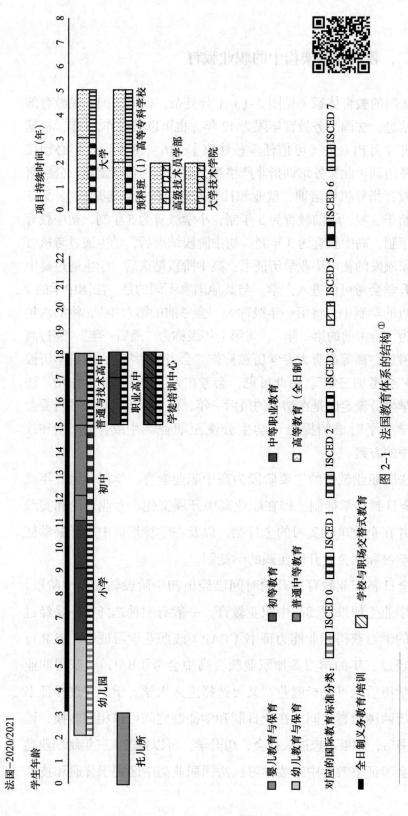

图 2-1 法国教育体系的结构①

① Eurydice. *France:Organisation et structure du système éducatif*, European Commission.October 2017. https://eacea.ec.europa.eu/national-policies/eurydice/content/organisation-education-system-and-its-structure-26_fr.

第二章　法国职业教育体系

高中，普通高中和技术高中学生从高二开始确定所学专业。学生有几个选择方向，比如对于学习普通教育的高中生，可选择文学系列（即文科）、经济与社会学系列（即经管学科）、科学系列（即理工科）等；对于学习技术教育的高中生，有8个技术类的专业供选择，包括工业与可持续发展科技、设计与应用艺术科技、管理与经营科技、健康与社会事务科技、实验室科技、戏剧音乐舞蹈科技、餐饮旅店科技和农学与生物科技。多数普通高中和技术高中是合在一起的学校，也有单独的技术高中，由于两者均是以升入大学为目的的教育，所以它们与职业高中是有区别的。但是，技术高中的学习内容兼有职业教育和普通教育。除国民教育部管辖的学校外，还有很小一部分农业学校以及国防学校，分由不同政府部门负责。劳动部不是专业政府部门，不会与教育部门争办初始教育。

学徒制教育的理论文化课主要在正规学校体系之外的学徒培训中心举办，可以攻读包括上述职业资格证书和学历证书在内的各种教育，甚至包括职业学士学位。与全日制职业教育并行的这一学徒制教育是法国职业教育的一个特色，它早在19世纪就已存在。学徒培训中心负责文化及理论课教学和组织国家证书和学历考试，企业仅负责接受学徒并指导其做工，这一点区别于由行业企业负责职业资格证书培训及考试的德国双元制职业教育。学徒源于初中毕业后获得企业接受的学生，年龄在15～29岁之间，与全日制职业中学学生享有同等地位和待遇，而且有薪酬。

从广义职业教育方面看，法国各层级教育一般都设有职业教育课程，使学生能及早了解职业生涯，掌握相关职业知识。在普通教育中纳入职业教育入门课程、专业化的学业指导体系以及个性化的咨询与指导，特别是在初中阶段，设立一周的实习期，使学生开始接受学业及职业生涯规划的指导，培养学生在人生的关键阶段能够根据自身的兴趣做出适合自身情况的选择。

进入21世纪，为应对经济社会发展的新局面，法国职业教育也开始从封闭的公立教育体系走向更灵活和开放的教育体系，开始尝试学校与企业合作的新型办学关系，并借鉴德国的双元制职业教育模式扩大学徒教育的规模。

第三节　法国的全日制＋学徒制职业教育体系

一、法国全日制职业教育的特点

（一）公私分明

在法国，教育的公共产品属性排斥私立因素的介入，要确保其义务性、免费性、非商业性的本质。

法国早在 1833 年就通过《基佐法》确定国家办小学教育的原则，1881 年通过的《费里法》又规定小学教育的免费性质。1958 年法国宪法确立了各级正规公立学校教育的免费性、中立性、非宗教性和非商业性等原则，国家负担一切费用。在高等教育阶段，免费意指免学费，学费与收取的注册费含义不同，注册费很低，仅具有象征性。法国包括商校和工程师学校在内的精英学校的属性或为公立或为私立或为公私结合，不属于法国公立大学系统，故收取学费。

"非商业性"在 2001 年通过的《企业参与学校活动的良好行为准则》中有明确要求，其中包括企业与学校的合作中要以非营利性为原则，不能有任何广告出现，禁止校园、教材、教学设备中有广告行为，学校不能向学生指定教材。职业教育与社会接触密切，但由于公立职业学校的公共性，不能在管理机制上和固定资产投资上掺杂私人的成分。因此，如果私立机构愿意捐款，则只能是纯粹自愿性质的。学校与社会合作者的合作大门是永远敞开的，但《税务总法典》规定，私立部门或个人与学校的合作要签订明确的合同，并要求学校单立账户接受外来的捐助，捐助必须以教学科研为目的，不能有任何盈利企图，如果是经费捐助，企业可以在捐助额不超过年度营业额 0.5% 范围内获得捐助额的 60% 的免税；个人可以在捐助额不超过收入的 20% 范围内获得捐助额的 66% 的免税。如果是捐助财物，则将财物折合公司资产，免去应免除的税务。

（二）政府监管

公立职业高中有理事会，在各学校的理事会组成人员中，留给企业行业的代表名额也很少。其组成有统一规定，即三分之一来自地方政府、学校领导和知名人士的代表，三分之一来自经选举产生的教职工代表，三分之一来自经选举产生的家长和学生代表，一般总人数为 30 名。由于职业学校与社会接触密切，理应有来自社会的代表的名额，但规定仅将一两个知名人士的代表名额与企业行业代表分享。校长通过全国性竞聘考试获得入选资格然后由教育部任命。

政府是职业教育的主要办学者，私立职业教育占比较小。学校负责学生自始至终的整个学习过程。实习是教学组成的一部分，如果说去实习的企业也算是合作的一方的话，那么可将企业作为另一个主体。实习生与学徒不一样，是学生身份，只是去企业进行工作实践。私立职业学校较少，有的与政府签订合同，有的不与政府签合同，两者均按照国民教育部教学大纲开展教学。

（三）主导地位

全日制职业教育在高中职业教育中占主导地位。长期以来，法国高中阶段的普通教育、技术性教育和职业教育并驾齐驱，根据一定的比例有计划地均衡发展。普通教育和技术性教育以升学为导向，职业教育侧重就业。法国初始职业教育不包括"技术教育"，由于职业教育最初含义就是掌握从事一般职业所需的基本技能的教育，而"技术"一词蕴含的理论知识成分多，需要延续至更高一级教育去继续学习，因此，多年来，法国把高中技术教育和普通教育捆绑在一起，与高中毕业后不以升学为目的、直接进入职场的职业教育相区别。如果简单地将技术高中的人数加到职业高中人数中，那么法国一半以上的高中生在接受职业教育。2019年普通高中和技术高中在校生约162万人；职业高中学生约为64.5万人，仅占高中学生总数的约28.5%。但是，技术高中的一部分学生属于职业教育范畴，法国官方统计只将职业高中作为职业教育，并将学徒制教育与全日制职业教育分列，从欧洲统计局数字看，2018年法国接受高中阶段职业教育总人数占高中学生总数的39.3%。学徒制教育游离于正规学校体系之外。2019年，法国攻读高中阶段证书和学历的学徒数达274 957人，占高中阶段接受职业教育总人数的27.4%。[①]

（四）职场实习与学校实践课

全日制职业教育中，学校和机构双方的合作方式主要是公立和私立企业接受实习生，以及教学老师与企业就接受实习生、教学和学历考试要求、评估实习生等问题进行沟通。全日制职业教育学校鼓励学生自行联系企业实习，锻炼学生的独立性，学校的理论课和实践课分别由不同教师承担，合作办职业教育的内容主要集中在学生实习方面。

与学徒制教育在职场工作不同，在教育与实践相结合方面，全日制学生开展职场实习，接受学校实践课。法国全日制职业教育与培训在2~3年内的学制中总实习时间为3~6个月不等，这种实习不是局限在一个企业，而是可以先后去几家企业，从而扩大视野，避免了德国学徒制学生因固定在一个企业而产生的弊端。进入实习期，学生往往在老师的引导下提前寻找实习机会，

---

① European Commission, *Pupils enrolled in upper-secondary education by programme orientation, sex and age*.https://ec.europa.eu/eurostat/databrowser/view/educ_uoe_enrs05/default/table?lang=en.

这也是学生进入社会的第一次独立尝试。接受实习的企业多是被动处理接受学生事宜。学生与企业签订实习协议，企业不得迫使学生从事企业正常员工的工作，企业要在培养和评估学生上遵守规章，如果学生在同一企业的实习超过两个月，则企业要支付给学生一定补贴，约为小时最低工资的36%。除了实习以外，法国全日制职业教育也有类似我国实训基地等课堂，可以基本满足实践。有些专业如电子信息专业的学生往往不需要去工作实地实习。

二、法国学徒制职业教育的特点

如前所述，法国高中阶段分普通教育、技术教育和职业教育，前两者以升学为导向，后者侧重就业。我们通常谈及的法国职业教育主要指后者。职业教育主要指高中阶段的职业高中教育，一般不包括技术高中的教育。在法国以全日制学校教育为主的职业教育体系中，在学校和工作场所交替学习的学徒制职业教育模式也占有一定比例且近年来呈上升趋势。

法国学徒制教育有悠久历史，但是在"二战"结束后，社会普遍将全日制职业教育当作最恰当的教育模式，将重视在企业培训的学徒制职业教育当作过时的产物。法国政府决意普及全日制教育，用在学校接受正规系统学习的形式规范职业教育。[①]与德国双元制教育以企业培训为核心不同，法国学徒制教育是以学徒学习机构为核心，这些学习机构多数设在正规学校体系之外，以学徒培训中心为主，无论是文化和理论考试还是国家的学历和证书考试，都是由这些学习机构组织学生参加；而接受学徒的企业只负责实践培训，不负责证书考试，构成不了双元制教学的其中重要一元。

---

① Kergoat Priska，Capdevielle-Mougnibas Valerie，"Les formations par apprentissage：un domaine de recherche à developper"，*la Revue francaise de Pédagogue*，2013，（183）：5-13.

接受学徒制教育的职业学生主要在各类名目多样的学徒培训中心学习。这些机构主要分为四种类型：第一类是"学徒培训中心"，这种培训中心由地方教育公共机构（高中学校）与所在大区的议会签订协议建立，中心设在教育公共机构（高中学校）里，行政、教学和财务都由学校负责。第二类是"学徒部"，这种机构是由企业、地方教育公共机构和所在大区的议会三方签署协议建立的。学生在学徒部接受培训的时间和专业是特定的，还是由教育公共机构（高中学校）全权负责所有培训事务。第三类是"学徒制培训单位"，这种单位是由学徒培训中心和地方教育公共机构（高中学校）签订协议建立，学校只负责教学，行政和财务由学徒培训中心负责。第四类是"提供服务约定机构"，也是由学徒培训中心和地方教育公共机构（高中学校）签署协议成立，这类机构的作用是举办诸如建筑专业等大专类专业的更高级别的职业教育。学徒培训中心是最主要的学习机构，2018年以来，学徒制培训单位的增长也很快。

三、学徒制职业教育的管理、经费及人事情况

私立和公立机构均可举办学徒制培训机构。可以开展学徒制教育的企业包括任何采取必要培训措施的企业，如所有手工艺、商业、工业、协会性企业以及非商业和工业性质的公共服务性企业。可以开展学徒制培训的公共部门包括：中央和下放至地方的行政服务机构，大区、省、市、镇的公共机构，纯地方性公共机构，国家级行政机构（包括具有科学、文化和职业特点的公共行政机构，具有科学和技术特性的公共行政机构等），地方教育公共机构，卫生健康公共机构等。

学徒培训中心的举办者有很多种，包括商会、行会、农业商会、公立学校、政府资助的私立学校、企业和各类协会等主体。学徒培训中心的性质分几类。一部分是私立性质，由行业工

会、协会、企业等私立机构管理。这类性质的学徒培训中心的学员数量最多。一部分是半公立性质，由地方商会、手工业和职业商会或农业商会管理。还有一部分是公立性质，由国民教育部、高教部或农业部等负责。这类中心附属于相关的高中或大学，没有法人，工作人员由学校招聘，大区政府对其人事方面费用予以补贴。国民教育部委派大量教职工，中心为这些职工缴纳的费用由学校负担，此外，国民教育部还向这类中心派出专门的教学协调员，受所在学校的校长领导。高教部、农业部还对各自建立的培训中心予以财政资助。这些培训中心无论属于什么法律地位，它们从根本上都具有公共服务性质，因此不缴纳营业税。

有较多的行业参与学徒培训中心的学徒培训管理工作。学徒培训中心均设有理事会，也叫提升质量理事会，成员来自各个方面，如各级教育部门、行业协会、所在学校的管理人员等。行业协会代表往往超过理事会成员人数的一半。理事会由中心主任主持。理事会的职能主要是讨论、咨询和决定有关中心的组织和运营等重大事宜。学徒培训中心主任由中心的管理机构招聘。

学徒培训中心在教学和财务上有一定的独立性，但预算和重大决定由中心理事会批准通过。培训中心的所有教学工作主要由国民教育部监督，受每个教育学区的学徒监管服务部门管理。地方政府负责审查中心的技术问题和财务问题。绩效提高委员会为中心主任和管理机构就组织和运作提供咨询。

公立性质的学徒培训中心接受的公共财政支持，用来负担一部分教学费用。国家级的培训中心由教育部资助，但这类中心很少，主要为了应对学徒少、学徒分散、需要特殊重型设施、特殊培训内容等情况的专业设立。大区级培训中心占多数，经费来源包括征收的学徒税（主要财源）、管理机构的捐助以及大区和市、镇政府根据创建协议提供的补贴等。大区政府向部分培训中心提供职业设备援助，向学员提供"交通、住房、用餐"补助。学员可以享受城市公交和火车优惠票价。部分省政府也提供相应的财政支持。

在培训中心的工作人员的资格方面，管理人员、教学人员和辅助人员任职必须符合《劳动法典》规定的资格标准，总体上要与同一层级的公立学校教学人员标准保持一致。在非理论知识教学的职位招聘上，从业者不像职业高中那样必须拥有职业教育教师能力证书，只需有与学徒同等层次及以上的学历，但同时必须具备几年相关培训专业的工作经验和学徒管理经验。

四、学徒制教育规模及学徒动因

2019—2020年度，各类学徒培训中心和学徒部共有1 330所，其中，行业协会等私立机构举办的有683所，商会举办的151所，学校举办的429所，其他机构举办的67所。各级学徒制教育的学生总人数为47.9万。其中，中学阶段的学徒占总学徒数的57.4%，大学阶段的学徒数占总学徒数的42.6%；读2年制职业能力证书（第Ⅴ等级）的占35%，读3年制职业高中会考证书（第Ⅳ等级）的占22%，读2年制大专（第Ⅲ等级）的占20%，读学士和硕士（第Ⅱ和Ⅰ等级）的占23%。接受学徒教育的学生平均年龄为19岁。此外，中学阶段的学徒制职业教育人数占职业教育总人数的27.4%；攻读2年制职业能力证书的青年中，学徒制学生占55.7%，超过了全日制学生人数；攻读3年制职业高中会考证书的青年中，学徒制学生占15.2%。在大学阶段的职业教育中，攻读高级技师证书的占40%，而攻读该证书的所有学生中，22%是接受学徒制教育的学生。[①]

2019年之前，接受学徒制职业教育的学生数量增长缓慢，

---

① Education Nationale，*Repères et références statistiques：enseignements，formation，recherche 2021*，Courbevoie：Ateliers modernes d'impressions，2021.

主要是由于初中阶段越来越多的学生选择通过学校学习获得 2 年制职业能力证书，此外，高中阶段的 3 年制职业升学会考吸引更多的学生在校学习。另外，法国经济不景气导致企业培养学徒的积极性降低。

开展学徒制职业教育的地区差异明显，这主要与不同地区的经济发展水平以及企业数量和实力的差异有关。学徒制职业教育较集中的地区为巴黎大区、北部里尔市、中部里昂市、西部南特市。其中，巴黎大区的学徒数量最多。

学徒的动机并非都是由于学校学习成绩不好。根据对建筑行业 6.5 万名学徒在线 20 分钟调查显示，只有 2% 的人认为是无奈的选择。选择学徒制的原因有很多，其中最主要原因是"既能挣到工资又能学到技术"。他们中 65.3% 是由家庭中的老学徒介绍而来。[1]

五、学徒过程、对雇主补贴、学徒报酬

（一）学徒过程

成为学徒的关键在于得到企业的聘用。学徒申请者首先要向学徒培训中心咨询，并告知要选择的培训；将申请表交给学徒培训中心后开始寻找相关企业；学徒被企业聘用后立即通知培训中心，并递交企业聘用意向声明；企业去相关商会等中介机构索取空白学徒合同，在合同注明所合作的学徒培训中心的名称，确定双方的责任。学徒要承诺在整个合同期为企业雇主工作，遵守劳动法规，特别是企业内部规定；接受学徒培训中心的教学，无故旷课的时间将从工资中计算并相应扣除。企业和学徒师傅确保为学徒提供实践培训，给学徒分配直接与合同规定的培训相关的任务；让学徒参与一切由培训中心组织的课程和教学活动；与培训中心负责学徒的培训老师保持密切沟通；每月向学徒发放工资。

---

[1] Ccca-btp, *Le barometre de la vie de l'apprenti*, Octobre 2014.

合同签订后，企业将合同交中介机构，中介机构将合同转培训中心认可。

学徒合同是一种特殊劳动合同，雇主除了根据劳动法典规定的条件支付薪水外，还要确保学徒获得方法得当、内容全面的职业教育，培训一部分在企业进行，一部分在学徒培训中心进行。

学徒享有与其他员工同样的权利及疾病、养老、工伤、失业等保险，在报酬方面，在学徒培训中心的学习时间也被视为工作时间，不影响薪酬。当学徒报酬低于法定最低工资的55%时，其家庭将获得国家家庭补助金，直至20岁。如果学徒租房，还能获得住房补贴。

合同可以在一年中的任何时间签署，一般是在开学三个月前签署。合同期限根据要读取的学历所需时间来定，一般是1~3年，可以根据学徒初始学习层级来调整。合同包括45天的试用期，其间双方均可随意解除合同。

学徒培训中心招收学徒时一般以中心所在大区为区域进行，那些签订全国性协议的培训中心可以在全国范围招生。学徒制教育是免费的，学徒的食宿行费用自理。地区议会负担一部分费用，有时还负担诸如理发、厨师等职业所需材料购买。

2011年7月28日出台的《促进交替学习和保障职业生涯法》规定，希望接受学徒制教育的学生即使没有找到雇主，也可以在学徒培训中心或学徒部学习，身份为实习生，同样享受社会保险。

学徒年龄为16~29岁，但15岁的学生如果能证明完成了初中课程也可以成为学徒，但没有工资。如果非欧盟国家的外国学生想接受学徒制教育，须有当地劳动许可证。如果读取更高一级的学历，或学徒合同非个人原因被终止，或因身体临时不适，学徒年龄可以放宽至35岁。残疾青年即使超过年龄限制也有可能被接纳，一旦作为残疾劳动者的身份得到承认，其合同期限可以长至 4 年。学徒的身份为在企业受薪的年轻劳动者，因此学徒要与雇主签署学徒合同。学徒合同期限最短的为 6 个月。

学徒可获得的资格证明多种多样，从高中到硕士，涵盖所有国民教育部规定的职业和技术资格证明，包括职业能力证书、职业学习证书、职业高中会考证书、高级技师证书、大学技术证书、职业类学士学位、职业类硕士学位、工程师证书等。

接受学徒制教育的学生必须在学徒培训中心完成每学年 400～675 小时的学习。攻读的学位越高，课时越多。学徒制要求企业与学校的培训紧密联系，以便学徒能更好地掌握职业技能。在理论学习方面，三分之二课时用于普通知识（语文、数学、外语、科学、法律）和技术教育（绘画、技术），三分之一课时用于技术知识和实践。学生的学习时间三分之一在培训中心，三分之二在企业。

（二）国家对雇主的资助和学徒享受的待遇

开展学徒培训的企业享有国家许多优惠政策。过去，中央政府对企业增加就业岗位给予补贴，途径多样。自 2019 年起，各种补助合并。对与攻读高中证书和学历的学徒签订合同的企业（员工数 250 人以下）发放一定补贴：在执行合同的第一年最高补助企业 4 125 欧元，第二年最高补助 2 000 欧元，第三年最高补助 1 200 欧元。如果合同期为四年，则第四年的最高补助与第三年一样。企业必须在所属行业的费用收缴机构备案学徒合同，劳动部就业与职业教育总局将合同转给服务与支付署，该局从合同执行之日起每个月提前向企业支付补贴。政府还根据企业规模对企业免除全部或部分工资税和相应的雇主税。如果合同提前中断，学徒有权获得补偿。所有企业只要能提供培训证明，就可以获得 500 欧元的培训师傅费用。

雇用残疾人的企业可向残疾人就业管理协会申请资助。为促进残疾人成为学徒和能够就业，自 2003 年起，对接受攻读护理、助理、经济和家庭顾问等 4 个职业教育专业的残疾人学徒的企业，法国残疾人就业义务局承担 80% 的企业应支出的费用（部分教学费、辅助费用和工资），最高达每年 2 万欧元；接受读其他职业教育专业的残疾人学徒的企业，每年也能得到 5 000 欧元的资助。

学徒工资由《劳动法》规定，根据年龄和工龄的不同而不同（见表 2-1）。法国政府决定在 2017 年拨款 8 000 万欧元用于提高青年学徒的最低工资。

表 2-1　学徒最低月薪酬占正常劳动者法定最低工资的比例[①]

合同年限 / 年龄组	未满 18 岁	18 ~ 20 岁	21 ~ 25 岁
第一年	最低工资标准的 27%，即 420 欧元	最低工资标准的 43%，即 668 欧元	最低工资标准的 53%，即 824 欧元
第二年	最低工资标准的 39%，即 606 欧元	最低工资标准的 51%，即 793 欧元	最低工资标准的 61%，即 948 欧元
第三年	最低工资标准的 55%，即 855 欧元	最低工资标准的 67%，即 1 041 欧元	最低工资标准的 78%，即 1 213 欧元

以上述计算为基础，攻读高中学历的学徒工资相应增加 10%，攻读大专学历的学徒工资相应增加 20%，最高工资能达到劳动者最低法定工资的 88%。

在赋税方面，企业的学徒税可以通过以下开支抵扣：实习费（攻读高中学历的每天 25 欧元，攻读高等教育学历的每天 36 欧元，最多抵扣不能超过企业应交税的 3%）、企业赠与的物品价值、企业雇用学徒奖励（雇用学徒人数超过企业总人数的 5% ~ 7%，每个人补贴 400 欧元）。学徒可以免除年收入所得税。

---

① Le Salaire d'un apprenti en 2021，https://www.lapprenti.com/html/apprenti/salaire.asp.

根据《税务总则》第 81 条，学徒的报酬如果不超过最低工资标准，则免除收入所得税。学徒每年享受 5 个星期的带薪假期，但具体休假时间由雇主决定。如果学徒上一年的 4 月底前不到 21 岁则可享受补充带薪休假，但每年不能超过 30 个工作日。不论男女，学徒都可以享受生育带薪假。此外，学徒在考试之前的一个月享受 5 个工作日的考试准备时间。学徒合同还可以包括国外培训内容，但时间不能超过 1 年，而且必须在法国国内培训 6 个月。但在国外的报酬、带薪假、社会保险均以当地规定办理。学徒可以享受健康检查，但需要在签订合同后的 2 个月内完成。如果学徒是未成年人或需要从事夜班工作，则需要在签订合同前体检。如果学徒从事受限制的工种，则需要有专门劳动医生的健康能力检查。

学徒享受与一般职工同等的社会权利。学徒合同可以在签订后的 45 天内由雇主或学徒宣布终止。在劳动监督调查后，如果出现学徒有生命危险，设备不达标、歧视、性骚扰等情况，劳动行政部门可以宣布终止学徒合同，但学徒继续接受报酬并继续在学徒培训中心接受教育。如果学徒考试失败，经雇主、学徒和学徒培训中心三方商定，可以将学徒合同延长最多一年。当学徒在合同结束后正式被雇主聘用时，不能再对学徒规定试用期，确定工资数额应参照学徒期的报酬，确定工龄时应考虑到学徒期的时间。

在学徒的师傅资格方面，企业主和企业员工均可作为学徒的师傅，但必须具有相当于学徒正在读取的文凭的资格和两年以上的实践经验，或者具备与学徒培训项目相关的三年实践经验，如果有 5 年以上的相关工作经验，则其他条件可以酌情降低。无论如何，师傅必须要有道德品质证明。师傅要有向学徒传授个人能力和工作经验的强烈愿望。一位师傅最多只能带两名学生。大区政府鼓励企业派送学徒师傅进行短期培训，费用由大区政府或行业协会负担。

六、学徒税的实施

除了政府对企业和学徒的资助外，学徒税的收取从根本上确保了学徒制的运作和发展。1925 年法国实行学徒税以来，征收规定不断调整完善，以适应新形势的要求。2013 年 12 月颁布的《财政修正法案》将此前分别征收的学徒税（学徒税的缴纳标准是企业支付工资总额的 0.5%）和"促进学徒制费用"（企业支付工资总额的 0.18%）合二为一，共征收 0.68%，同时对该税务总收入再分配做出更为严格的划分，其配额比例也做了调整。大区政府支配 51%，用于资助学徒制；学徒培训中心和学校学徒部获得 26% 配额；开展非学徒制的、提供国家规定的学历和资格教育的初始职业教育学校获得 23%，其中 65% 分配给初中、高中和大专阶段的初始职业教育，35% 分配给本科和研究生阶段的培训。企业必须在每年 3 月 1 日前缴纳学徒税，可以任选一家所在行业"学徒税征收机构"缴纳，不能及时缴纳将会受到增加缴纳额度的处罚。

2019 年 12 月 10 日出台的《关于法国能力署和行业收费机构的法令》对学徒税的使用做了颠覆性的改革，企业缴纳的学徒税的 23% 过去给予学徒培训中心以外的机构，这一比例降至 13%，可以用实物捐赠给学徒培训中心或直接给予大学和专科学院等；而学徒税的 87% 统一用于学徒培训中心的经费。收缴工作由 11 个行业的收费机构负责，2022 年将转由"家庭补助和社会保险追缴联盟"收缴。

雇用学徒的企业如果其年纳税基数不超过"法定最低年工资"的六倍，则可免除学徒税。那些专门以学徒教学为业务的公司或企业法人也免除学徒税。此外，由农民组成的雇主团体享受免除学徒税。缴纳学徒税的企业只要雇用学徒，就可以获得学徒工资的部分免税，即"法定最低工资"的 11% 的部分不计算学徒税。

第四节 法国职业教育的法规

一、职业教育立法沿革

法国的职业教育的发展得益于各种法律法规的制定，法律法规一般表现为综合性强同时也各有侧重的特点。

在规范学徒资格方面，1851 年 2 月《关于在工厂、作坊和车间的儿童学徒合同的法案》的出台，使签订合同成为一项义务。1928 年 3 月颁布的《学徒合同法》规定学徒合同必须是书面的并有签字，并从机制上把职业课程和备考职业能力水平证书作为义务确立下来。1938 年 5 月颁布的《职业指导与培训法令》规定 14～17 岁的职工有权获得实践职业教育，学徒能够从职业与分流指导部门获取有益的咨询，员工超过 5 人且非隶属职业商会的企业必须雇用学徒。1977 年 7 月颁布的《有关学徒教育的劳动法有关条例的修改法案》使学徒身份得到明确，学徒可以是学生身份，并可拥有与其他学生一样的学生证。2003 年有关改革学徒制的《使学徒制现代化白皮书》出台了 50 条措施建议，包括要求改善学徒条件，优化学徒制资助和组织等内容。

在资格融通方面，1987 年 7 月出台的《色甘法》规定，学徒可获得从职业能力证书（V 级）到工程师证书（I 级和 II 级）的各级资格，使学徒制不仅融入教育体系而且得以向更高级别证书层次延伸。

在资助发展方面，1880 年 12 月通过的《有关建立学徒手工艺学校的法案》规定，区镇或省级学校可得到教育部或工商部的资助。1979 年 1 月颁布的《有关手工艺学徒教育法》规定国家负担所有使用学徒的雇主和工薪人员的社会摊派税费。

在培训师资和评估质量方面，1945 年 11 月颁布的《关于建立国家学徒师范学校法令》规定建立"国家学徒师范学校"，负责学徒培训中心的师资培训。1946 年，政府又根据不同专业建立 11 个国家学徒制咨询委员会，拟定学徒教育、进修和继续教育课程计划以及每项培训的考试计划和规定。1973 年，学徒制监督局建立。每个学区教育局建立具体监督机构，负责监督学徒培训中心的教学、行政和财务以及企业培训。

　　在社会参与办学方面，1925 年 7 月颁布的《关于技术教育指导法》规定各地建立职业商会，负责组织和监督学徒培训。1949 年 2 月颁布的《关于学徒中心地位的法案》加强了学徒培训中心的地位，这类培训中心被定义为负责培训合格的工人和职员的技术教育机构，负责招收 14 岁学生，学制为 3 年，结业可以获得职业能力水平证书。1961 年国家职业教育中心和中小企业联合会与各工会签订国家职业间协议，确定了学徒制发展与革新政策，国家承诺给予经费支持。2003 年 10 月 16 日通过的有关改革学徒制的白皮书出台 50 条措施建议，其中包括提高学徒制在青年中的印象，加强个性化培训，改善学徒条件，简化企业使用学徒的办法，优化学徒制资助和组织。

　　在高等职业教育方面，1984 年出台的《高等教育法》强化了高等教育职业化的趋势。

　　在综合性法律方面，1919 年法国政府颁布的《阿斯蒂埃法》是法国职业教育的第一个正式立法，被作为法国"职业教育的宪章"，它规定由国家全面负责职业教育，职业技术训练属于正规教育的范畴。1971 年，法国颁布《继续职业教育法》，并于1978 年和 1984 年两次进行修订，该法对关于带薪学习和接受培训的假期问题做出若干限制性的补充规定。为进一步完善已实施的相关职业教育法案，1991 年《职业教育与就业培训法》出台，对以前的职业教育法律做出补充与修订，使之日臻完备。2018 年 2 月 19 日议会通过的教育部提交的《学校信任法》，对加强学徒制职业教育提出具体规定。2018年6月19日议会通过的劳动部提交的《自由决定各自职业未来法》，涉及继续职业教育。

二、法国职业教育的立法传统和立法特点

法国关于职业教育的立法传统可追溯至路易十五（1710—1774）统治时期，当时国王颁布的特许证书中就对工人学习相关知识做出系列规定，推动了相关技术教育在一定时期内的蓬勃发展。拿破仑在著名的《帝国大学组织令》中也有关于技术工人的培训条例。法国的职业教育体系在行之有效的教育法规的保障下，迅速发展。

法国立法体制的突出特点是，在中央与地方的纵向权力关系上，强调中央集权，而不注重地方分权；职业教育的法律制定以中央政府为主导。法国的教育立法以其体系完备、内容丰富、权限明确、程序严谨、制度规范等著称。从受教育的对象以及教育阶段的不同来分，法国的教育立法涉及的主要领域有基础教育、高等教育、职业教育和继续教育等方面。此外还有一部分基础性的教育法规，对上述各方面的教育制度建设均有相应规定。

三、法国主要职业教育法规

（一）《技术、工业、商业教育组织法》

在法国的职业教育史上被公认为是一部具有里程碑意义的法律是1919年颁布的《阿斯蒂埃法》，亦称《技术、工业、商业教育组织法》。该法令的出台最终确立了法国职业教育体系的基本框架，将职业教育纳入教育系统，使之成为正规教育体系的有机组成部分，为法国职业教育的制度化奠定了基础。该法案提

出，职业教育必须开设"为补充初等教育的普通教育、作为职业基础的各门学科以及获得实际技能的劳动实习"的三方面课程；其特点是由国家承担为工人子弟提供职业教育的任务，职业学校可有公立和私立之分；全国每一市、镇必须设立一所职业学校，其经费由国家和雇主各负担一半。私立职业技术学校如接受国民教育部的有关规定，可以得到国家的承认，并得到国家补助；18岁以下的青年男女有接受免费职业教育义务，而雇用他们的工厂主、商人等必须保证他们每周有 4 个小时用来接受脱产职业教育，年学时累计不少于 100 个小时，等等。该法被誉为"职业教育的宪章"。

（二）《有关设立学徒税的金融法》

1851 年的《关于在工厂、作坊和车间的儿童学徒合同的法案》确立了学徒合同的制度，为制定学徒税打下基础。1925 年7 月 13 日出台的《有关设立学徒税的金融法》第 25 条确立学徒税和职业商会，向所有企业征收企业工资的学徒税，用于资助15～18 岁青年义务职业教育课程，保障了《阿斯蒂埃法》的实施。1931 年 4 月 8 日出台的《关于学徒税施行条件的公共行政法令》推进了学徒税的实施。

（三）《继续职业教育法》

20 世纪 70 年代初，法国政府意识到终身教育的必要性和重要性，于 1971 年 7 月 16 日，颁布《终身教育范围内的继续教育组织法》，简称《继续职业教育法》。该法是继续职业教育的基本法，它定义了终身教育的概念，提出了保障终身教育各机构单位，规定了职业教育的协议框架和培训假期。

（四）其他相关的法律法规

一些法律法规涉及国家的拨款、雇主资助职业教育的费用及给予学生的补贴、企业工作人员进修等。比如，《职业教育财政拨款法》确定了国家对提高职业教育水平的投资额，《技术教育基本法》《雇主分担基本职业教育费用法》等细化了职业教育的各个环节，确立了有关概念。

第五节　法国国家资格框架和职业资格证书

一、法国国家资格框架

法国职业教育系统通过创建国家职业资格框架，将普通教育与职业教育、初始教育与继续教育有机地结合在一起。1965年法国教育家保罗·朗格朗（Paul Lengrand）在联合国教科文组织第三届促进成人教育国际委员会会议上首次提出了"终身教育"。这一概念得到世界各国的广泛认可，成为教育改革与发展的目标。[1] 为实现这一目标，法国于1969年决定开发并实施《教育与培训等级命名》，建立起一个包含五个用罗马字母标识等级的国家资格框架（欧洲资格框架包含八个用阿拉伯数字标识的等级）。该决定成为促进教育改革、为国家经济发展提供坚实后盾的重要举措。它是法国第一代资格框架，也被视为欧盟第一代资格框架。

该命名涵盖基础教育、职业教育与培训、高等教育、继续教育等教育系统的各个层次，强化学习成果的认可，保障不同资格的等值性、融通性、透明度和可比性，增强社会及劳动力市场对资格的认可度，促进劳动力质量提升和区域经济社会发展。法国的职业教育管理体制清晰，各司其职，纵向体系分为中央、学区、学校三个层面。横向层面的教育、科研、就业之间的职责分工较为明确，基本不存在职能交叉、职责遗漏等情况。

---

① Paul Lengrand,"Introduction à l'éducation permanente", *UNESCO*, 1972.

面对人的全面发展、经济社会发展方式转型、建立终身学习型社会的需要，构建职前职后相互衔接，正规、非正规和非正式学习之间相互融通的国家资格框架的必要性日益凸显，成为终身学习改革与发展的关键。

20世纪90年代初期，欧盟在其颁布的白皮书中就曾多次提出创建终身学习型社会。以此为基础，2005年欧盟提出实施"欧洲资格框架"，建立有效的资格获取途径和透明的资格体制，促进终身学习以及欧盟成员国之间劳动力的流动，提高欧盟的经济实力和国际竞争力。很明显，欧盟的目的是通过实施欧洲资格框架，重新界定课程内容、课程模式以及学习路径，消除教育和培训体制中不同教育部门之间，包括高等教育和继续教育之间的障碍，使各教育分支机构能够相互渗透。欧盟各成员国的国家资格框架必须符合欧洲框架的原则和精神，但变革的同时又不能失去原有体制的优势。对于德国和法国来说，尽管职业教育的制度文化和观念文化有较大的差异，但他们同样面临的一个问题是如何使职业教育和高等教育之间实现有效的衔接。

法国于2002年成立的国家职业资格证书委员会是一个独立机构，负责国家职业资格的认定，不从属于国家任何部门，既不受制于国民教育部，也不受制于劳动部，这样的安排不仅确保了国家职业资格认定的科学性和合理性，同时有利于协调职业教育和就业之间的关系，防止与某个部门利益相冲突而使职业资格证书的含金量"缩水"。这一委员会的成员来源非常丰富，由16个部门官员、10个社会伙伴、3个商会当选的代表，3个地区当选的代表和12个专业人员构成，这种成员的多样化，确保了国家职业资格认定的科学性和合理性，使其能够更好地履行确定国家职业资格标准，制定专业证书，调整学位、头衔，监控职业资格，为相关机构提供专业证书与资格方面的咨询建议等职责。于2003年设立的国家专业资格认证目录，促进了职业教育课程设置及职业教育质量标准的建立，为职业教育发展提供明确的导向。法国的国家终身职业教育理事会建立于2004年，其职责是：在国家层面上促进与职业教育相关的各部门之间的合作，在法律和制度建设方面为法国终身职业教育和学徒制提供建议；评估地方职业教育和学徒制的政策，为议会提供终身职业教育和学徒制的财务资源利用特征等情况。国家终身职业教育理事会的建立为法国公民的终身学习与发展，提供了有力保障，有利于学习型社会的营造。

法国依托国家职业资格目录和国家职业资格证书委员会，综合整理职业性和专业性资格，2010年完成与欧盟资格框架的对接工作。法国通过建立"需求主导"的职业教育系统，引发整个欧洲体系开始重新思考劳动力市场功能的问题。在欧洲体系中，通过欧洲通行证（Europass）系统，构建通用的职业标准。在法国国家职业资格框架的刺激下，欧洲资格框架形成整合分类系统，对已具备的能力与必备的能力进行比较。为了便于国际比较，与欧盟框架接轨，法国于2019年使用新的国家"职业资格证书框架"替代1969年的框架。

法国2019年的职业资格证书框架等级根据能力需求由低到高对应的1969年的国家资格框架等级以及对应的资格、证书和学历学位如下。

第1级：1969年框架无此对应等级，也无相应证书。第2级：1969年框架无此对应等级，也无相应证书。第3级：对应1969年框架的第V级，包括职业能力证书（CAP）、职业学习证书（BEP）、农业职业能力证书（CAPA）、农业职业学习证书（BEPA）以及其他资格、证书和学历。第4级：对应1969年框架的第IV级，包括职业高中会考证书（BAC P）、技术类高中会考证书（BAC T）、职业资格证书、艺术职业证书、技术员证书以及其他资格、证书和学历。第5级：对应1969年框架的第III级，大学二年学历，包括大学技术证书（DUT）、高级技师证书（BTS）、农业高级技师证书（BTSA）、商会颁发的工匠证书以及其他资格、证书和学历。第6级：对应1969年框架的第Ⅱ级，职业学士学位，包括其他资格、证书和学历。第7级：对应1969年框架的第Ⅰ级，硕士学位，包括工程师称号以及其他资格、证书和学历。第8级：对应1969年框架的第Ⅰ级，博士学位。

二、法国的职业资格证书

（一）法国职业资格证书类型

如果纵向划分，法国职业资格证书的类型与德国大致相同，只是法国不将普通高中会考证书纳入职业资格证书，因为该证书纯粹是为了升入大学，与职业知识和就业无关。由于法国的职业资格证书多由国家政府部门直接管理，与中国有较多相似点，故我们从行政登记角度来梳理法国证书体系。

证书需要在国家职业资格证书委员会管理的"职业资格证书目录"系统登记，该委员会是在劳动部指导下建立的独立部门，成员由国民教育部等相关政府部门以及有关机构人员组成。从指导机制看，劳动部应有很大的权力，但实际并非如此，劳动部管辖的这一登记平台，更多是服务性质，各相关政府部门设立的各种证书自动被纳入平台，无门槛。

证书的登记分两大类：一类是正常登记，即理所当然有资格纳入的证书；另一类是专门登记，即专门清单，需要委员会有关机构审理列入。

正常登记分四种证书：一是以国家名义颁发，经各相关方均衡参与的咨询机构同意而设立的职业"文凭"和"称号"（这种职业咨询机构由雇主和受薪者代表组成。制订和批准证书标准的机构包括国民教育部、农业部、劳动部、运动部的咨询性职业委员会，审议高等技术性证书的国家教学委员会，审议职业性学士、硕士、职业性硕士、博士等学位的国家高等教育委员会，工程师称号委员会）。二是由公立、私立培训机构设立的"文凭"和"称号"，它包括未设立咨询机构的国防部、社会事务部、卫生部、文化部、设备部、运输部等机构管理下颁发的证书，如大学学历、地方成人培训教育机构颁发的称号。它还包括由政府部门同意的集体性证书，如工商会、职业商会、农业商会证书，包括通过学校网络或私立技工学校颁发的证书。三是由行业部门设立的"职业资格证书"以及跨行业"职业资格证书"（共有 500种证书，覆盖 152 个行业）。四是对具备职业能力和知识基础证明的证书。在以上四种证书中，第三种是行业行为，它不涉及初始教育和学徒制教育，而是涉及继续教育、青年就业培训、所得经验的证书认可。

专门登记分三种证书：一是法律规定的、从事某项职业所需的强制性的证书；二是市场标准证书，它涉及特定的领域，有较大的使用价值，并以社会合作伙伴的代表性机构推荐的标准为基础；三是所有那些具有经济和社会功能、旨在促进就业的证书。实际上，学校体系更多地开展正常登记证书的教育。专门登记平台的指导政府部门劳动部并不能干预国民教育部等其他政府部门的证书教育。

（二）职业教育主体及证书

法国没有专门的法律来规范学校体系的职业教育，职业教育遵从《教育法典》规定。初始教育之外的继续教育与培训则遵循 1971 年《终身职业教育法》。2018 年通过的《学校信任法》是最新的相关法律文件，它涵盖了普通教育和职业教育的法律原则，进一步强化了学徒制教育法律规定。

由于法国是以全日制学校职业教育为主，高中阶段的学徒制教育占比较小，它不是以行业协会或企业为主，攻读专业证书由学徒培训中心负责组织，学徒虽是企业学徒身份，但要在学徒中心参加证书考试。证书的获得条件是，文化课考试及格，专业理论和实践课考试及格，两者相加才能获得证书。在具体考试方面，有的专业要统筹考虑两年学习成绩，而文化考试都是两年结束时进行。由此可见，与德国学生只重视行业组织的专业证书考试不同，法国专业证书的获得还需要通过文化课和专业理论课考试。

从职业资格证书来看，以最基本、最普遍的职业能力证书为例，它是全国统一证书，学校和学徒培训中心在教育部监督下开展教学。当然，该证书也可以由待业或在职人员通过个人经验所得的同等资格认可、在线学习或继续教育获得。确立一项证书时，首先要评估相关元素，评估之后，由"各方均衡参与的国家职业委员会"的行业分会确定实施的原则和资格的边界。法国没有参考框架的统一模式，但需要遵守基本原则，特别是要注意职业参考框架和证书参考框架有区别的原则：由专业人员认定的职业参考框架描述证书范畴，确定职业、能力和证书方面的专业人员所希望的结果。该参考框架也是在相关合作者之间进行调解的工具，对培训者来说是一个设计基础，对公众来说是信息工具。而证书参考框架则是一份权威文件，它需要准确认定满足获取证书条件的必要标准，确定条件和流程。根据条件和流程，对各种用于证书的元素进行评价。

通过所得经验的同等学力认可，可以获得职业资格证书，获取的工具和方法多样，如涉及对候选人经验的描述和初步接受候选人的文件，通过线下和线上形式、多选项等各种提问方式进行的技术性调查表，与候选人交谈，基于活动证据的分析等。如果评估显示候选人具备了符合需求的知识和能力，那么，其申请可以进入认可程序；如果认可确认有缺陷，就要进行个性化培训，以便补足缺陷。认可是确定申请者已达到必须的要求和条件的程序。除了政府部门管理的职业资格证书，对于那些由行业设立的职业资格证书，由"各方均衡参与的国家职业委员会"或行业协议来决定最后认定的程序，使各方均衡参与的评审团依据提交的文件来证明达到了所需水平。

第六节　法国职业教育的经费

一、法国的职业教育财政投入模式

　　法国的职业教育财政投入采取中央政府主导、以中央和地方两级政府为主体的模式。中央政府和地方政府是中等职业教育经费投入的主体，中央政府起主导作用，这是法国职业教育财政经费投入的基本特征。中央政府和地方政府对教育投入各自的份额由法律规定的职责来决定。政府负担的学校包括全日制公立学校、签署协约的私立学校、一小部分学徒制教育机构等，经常性支出的最大项目是学校员工薪酬，其中绝大多数由中央政府承担。在资本性支出方面，中央政府和地方政府的经费责任分配不同。随着教育法典的不断更新，教育财政逐步完善。

　　法国除了对职业教育正常财政拨款外，还通过收取学徒税来鼓励企业参与职业教育，这是法国学徒教育经费保障的重要特点，是企业为职业教育与培训提供资金的主要形式和手段。对学徒制职业教育提供经费的三大主体是：中央政府、地方政府和企业。企业缴税是企业对职业教育投入的主要形式和手段。对此，法国有明确的法律规定。企业主要通过缴纳以下几种税收来支持职业教育与培训的发展。一是学徒税。学徒税要求雇主为职前技术与职业教育经费做出贡献。二是学徒补充税。250 人以上企业接受的学徒数不到员工的 5%，则需要缴纳一定的数额来支持学徒制培训的发展。三是继续职业教育征收费用。对企业强制性收费是法国继续职业教育经费筹资系统的典型特征。强制性收费是建立在 1971 年法律基础上的，旨在鼓励企业培训其员工和学徒。2018 年法律将学徒税和企业在职培训费整合为一个税种，即企业发放工资的 1.68%。税款调节是法国职业教育经费机制的主要手段，是法国为年轻人接受学徒教育与培训提供经费的重要机制。

二、法国总体教育经费和职业教育经费

法国中央政府是教育经费的主要来源。近年来对包括职业教育在内的各级各类教育的投入增长甚微。2019 年，基础教育阶段中央预算比上年增长 1.8%，高等教育阶段增长 2.8%。中央政府教育预算占中央财政总预算的 30.5%，占国内生产总值的 4.2%。而整个社会对教育的投入占国内生产总值比例多年来变化不大，从 1980 年以来每年的比例处于 6.5%~7.7%，2019 年为 6.6%，总额为 1 605 亿欧元。从各级教育占教育总投入的比例看，小学占 29.7%，中学占 38%，大学占 20.3%，继续教育占 10.1%，校外活动占 1.9%。从经费来源来看，中央政府占 54.94%，其中国民教育部约 830 亿欧元，其他中央政府部门约 51.93 亿欧元，地方政府占 23.1%，约为 370.77 亿欧元，家庭占 11.33%，约为 181.79 亿欧元，企业占 9.01%，约为 144.65 亿欧元，其他行政机构占 1.62%，约为 26 亿欧元。[①] 自 1980 年以来，中央政府经费缓慢减少，地方政府投入加大。2019 年，公私立教育机构的经费为 1 541 亿欧元。国家经费支持的公立机构和私立机构经费分别占 74.6% 和 14.1%，无国家经费支持的私立机构和公共及行政服务机构经费分别占 8.1% 和 3.2%。

企业对普通中学的经费投入较少，而对学徒培训中心的投入相对大一些。中央政府部门中，国民教育部对学徒培训中心的经费投入较少，而其他政府部门（如劳动部）对学徒培训中心投入较大，主要涉及再就业方面的培训。对学徒培训中心经费投入最多的机构是地方政府部门以及企业等私立机构。2018 年，国民教育部对学徒培训中心的投入为 800 万欧元，劳动部为 1.08 亿

---

① DEPP, *Repères et références statistiques 2021*, MENJS, 2021.

欧元，地方政府投入 2.8 亿欧元，企业投入 2.85 亿欧元。

每年职业教育生均拨款变化不大，高于普通教育学生。2018年，在中学教育阶段侧重升学的普通和技术性高中与侧重就业的职业高中生均比为 1:1.14；在高等教育阶段，普通本科与高级技术员学部（相当于高职）生均比为 1:1.40。各级教育生均经费投入情况为，幼儿园 7 040 欧元，小学 6 780 欧元，初中8 850 欧元，普通和技术性高中 11 270 欧元，职业高中 12 740 欧元，高级技术员班 14 430 欧元，大学预科班 15 920 欧元，大学10 280 欧元。生均拨款用于教学的经费占总经费的 80% 以上。

从助学金分配情况可以看出向职业教育学生的倾斜。高等教育助学金分 8 个等级，从 1 050 欧元到 5 612 欧元不等。2019—2020 学年，在综合大学有 39% 的学生享受助学金，在高级技术员学部有 54% 的学生享受助学金，在大学预科班有 28.3% 的学生享受助学金，在公立初中有 29.8% 的学生享受助学金，在公立职业高中有 42.6% 的学生享受助学金，在公立普通高中和技术高中学生中有 24.9% 的学生享受助学金。

第七节　法国职业教育的教师资格与学生分流

一、职业高中教师、学徒机构教师和企业培训师傅

（一）法国公立职业教育高中教师

法国公立职业教育学校教师的入职资格与其他公立普通教育学校一样，均须通过国家统一考试，即"职业高中教师证书"考试。强大的职业学校师资力量确保了职业教育的高质量。

法国职业教育高中教师主要指在职业高中的教学人员，属于公务员身份。要成为这类教师，必须攻读"教学、教育与培训职业"硕士，而任何的学士学位都能去申请读该硕士学位。在硕士

学位的第一年的学业结束时，参加全国统一考试，考试通过则随即被任命为职业高中教师，在学区学校带薪实习一年，期满合格后即转正。在实习的一年中，继续完成第二年的硕士学业。

这一资格考试面向三类人员，一是社会上具有一定学历学位的人员，二是公立教育系统内的人员，三是拥有涉及相关专业的5年以上工作经验的但没有学历学位的私立学校的人员。考试的主要专业种类有造型艺术、生物工程、经济与管理、美容与化妆品、化学工程、土木工程、电力工程、工业工程、机械工程、旅店与餐馆、绘图工业、语言与文学、文学与史地、数学与理化、医学社会学科学与技能等，并不是每年都有各种专业的教师职位资格考试。

考试程序包括两个环节：可受理性笔试和录取性口试。对于社会上具有一定学历学位的人员，考试程序包括两场受理性笔试和两场录取性口试；对于公立教育系统内的人员，考试程序先是准备一份职业经验认可文件，然后是一场录取性口试；对于具备相关工作经验要求的私立学校人员，考试程序包括一场受理性笔试和一场录取性口试。考试评审团由国民教育部督学人员、大学教师、职业高中教师、教育顾问等人员组成。评审团根据公布的资格考试、录取名额和考试的总成绩，公布录取名单。

关于含有职业成分的技术高中招聘。虽然技术高中与普通高中属于面向升学的同一类教育，但在职业教育统计上又将技术高中的职业教育成分与职业高中合并统计，其教师招聘资格同职业高中基本一样，只是在职业资格证书名称和考试内容上不同，技术高中教师需要通过专门的技术高中教师证书考试。考试专业约有8种，少于职业高中教师证书考试专业数。

（二）学徒机构教师

在全日制学校职业教育之外，承担学徒制职业教育的学徒培训中心和设在职业高中的学徒部的教师招聘则不同于正式职业高中教师招聘资格。在人员的资格方面，管理人员、教学人员和辅助人员必须符合《劳动法典》规定的资格标准。虽然不需要通过国家统一考试，但总体上要与同一层级的公立学校教学人员标准一致，即申请学徒培训中心文化课教师职位所需资格应该与职业高中教师具备的资格一样。申请专业理论课、技术课和实践课教师职位的条件相对宽松，但至少要有所教专业的专业证书，并在近10年里有两年以上的相关专业领域的工作经历，如果有在企业做培训师傅或有过培训学徒的工作经历则在聘用上占据优势。由于大区政府主管学徒制教育，所以大区政府负责执行和资助学徒培训中心教师计划。

（三）企业培训师傅

在接收学徒的企业，负责管理学徒的学徒师傅可以是企业主，也可以是员工。作为学徒师傅，需要两个条件，一是需要具备学徒攻读的证书或文凭以及两年以上的专业实践经验，二是需要在学徒所学专业领域有三年以上工作经验。如果有5年以上的相关工作经验，则对其他要求可以酌情降低。

二、学生分流与职业教育学生

原本纳入国民教育体系的初中阶段职业教育1975年开始被逐步取消，旨在让社会各阶层的子女都能在初中继续接受普通教育。由此，法国职业教育和普教的分流起点从初中阶段上移至高中阶段。

在法国，对学生的指导分流建议不仅考虑学生的学习成绩和性格特点，还兼顾了以往分流人数和学校接纳能力，确保了教育体系秩序井然。学校的建议虽非强制性，但往往具有决定性作用和影响。

如上所述，法国初中为4年学制，高中为3年学制。高中分为普通教育、技术教育和职业教育三类，前两类是升学教育，高中后升入大学学习，第三类主要是就业教育，即大部分学生在高中毕业后进入社会工作。当学生进入初四时，班主任协同班级管理委员会（由几位学校老师和几位学生家长组成）对学生的学业以及学习能力进行分析和归纳，参考往年分流人数情况，对学生提出分流建议，或者上普通高中和技术高中，或者上职业高中，攻读 3 年制职业高中会考证书，或根据自己的意愿攻读 2 年制职业能力证书。

与此同时，学校要求学生家长对孩子在升高中后的学业类型选择做出决定。如果家长对学校的班委会做出的分流建议持有异议，则由校长会同班主任和分流工作者接见学生及其家长，努力做说服工作。如果家长仍持反对意见，家长可以向一个由其他学校老师组成的委员会申诉。但该委员会往往倾向学校的意见。所以，当一些家长因不同意自己孩子选读职业教育类而争辩时，经常会以失败告终。学生对高中阶段学习方向的选择，表面上是学校和家长双方磋商的结果，但实际上其程序隐含强制性因素。从另一个角度看，不是所有的学生都喜欢读书，学生从小就接受充满独立思考和崇尚个性发展的教育。

普通高中和技术高中的学生在高一结束前又面临一次专业定向分流。普通高中和技术高中学生要确定他们选择的高考种类，如文科、理科、经济、技术等。职业高中学生要在 75 种专业中选择要学习的专业。

职业教育的选择同学生的家庭背景有很大关系。2016 年，在公立普通高中，来自农民家庭的学生占 1.5%，手工艺者、商人和企业主家庭占 10.8%，官员、医生等家庭占 25.6%，中间职业者家庭占 14%，教师家庭占 4.5%，一般职员家庭占 16.7%，工人家庭占 18.9%，退休人员家庭占 1.8%，无业者家庭占 6.2%。在公立职业高中里，来自农民家庭的学生占 1.0%，手工艺者、商人、企业主家庭占 8.8%，官员、医生等家庭占 6.7%，中间职业者家庭占 10.5%，教师家庭占 0.9%，一般职员家庭占 19.1%，工人家庭占 33.9%，退休人员家庭占 2.1%，无业者家庭占 17%。[①]

职业高中毕业学生进入高等职业教育机构继续学习的机会不多。如前所述，职业技术性较强的高等教育主要分为设在技术中学的"高级技师证书"教育和设在大学的"大学技术文凭"教育，前者更侧重实践和就业，后者兼顾技术与学术。

高级技师证书教育接纳来自社会中下阶层子弟较多，接纳的职业高中毕业生约占三分之一。2018 年，攻读 2 年制高级技师证书的学生中，来自工人家庭占 23.9%，一般职业家庭占 19.3%，官员和知识分子家庭占 15.2%，退休和无业家庭占 15%，中间职业家庭占 14.2%，农业、商人、工匠、企业主家庭占 12.4%。2019—2020 学年，在攻读高级技师证书第一年的学生中，毕业于普通高中的占 17.1%，毕业于技术高中的占 35%，毕业于职业高中的占 32.1%，来自其他形式教育的占 15.8%。大学技术文凭教育接纳来自社会中等阶层子弟较多，接纳的职业高中毕业生极少，有相当一部分来自理科类、经济类专业。2019 年进入大学技术学院第一年的学生中，来自普通高中的毕业生达 63.2%，技术高中的毕业生 32.8%，而来自职业高中毕业生仅为 1.7%，其他生源为 2.3%。[②]

第八节　法国职业教育的改革发展

马克龙于 2017 年 5 月任法国总统后，随即对包括职业教育在内的教育领域进行改革，由国民教育部和高教科研部组成工作

---

① Ministere de l'education nationale, *Repères et référentiels du system educatif en France 2016*, 2017.

② DEPP, *Repères et références statistiques 2021*, MENJS, 2021.

组。在征求社会各方意见后，2018 年法国议会通过了国民教育部提交的《学校信任法》。该法案涉及的初始教育内容包括了职业教育。有关职业教育改革发展举措尽显前瞻性、灵活性、宽容性、实用性和操作性。

一、优秀示范校园的战略

"职业教育与专业资格校园"计划旨在培养学生获得现今和未来企业期待的各种能力，这种校园是真正将生活、教育、研究与革新融为一体的地方，集中了中学、学徒培训中心、大学、社会培训组织、研究实验室、技术平台、企业、孵化园等机构。该计划在全国各大区每区至少建设 3 个示范校园。每个校园侧重在某一专业领域开展初始和继续培训，推动该领域各专业的发展，促进青年就业，进而为地区经济和社会的发展做出贡献。

二、教学方式改造

职业高中三年的教学比重得到重大调整，此举旨在加大专业课分量。调整后，专业课占 42%，文化课占 33%，实习课占 25%。

专业课教师和文化课教师联合授课的课时增加。通过教师的联合授课将文化课教育场景化，与职业教育有机结合（专业教师上课将有语文教师或数学教师陪伴）。这一改革起因是学生更愿意在职业环境和职业发展中学习文化课。

职业高中学生在教师帮助下筹备个人或联合开发的"杰作"。这一新内容旨在展示学生在其专业方面充分发挥才智和能力的成果，最后要呈交高中会考审查，并进行口头答辩，成绩纳入高中生毕业会考。

所有职业高中学生和学徒都可以在学习或学徒期间选择去国外学习。此举旨在让青年增加个人经历，丰富所学专业的知识，发现其他方法和技能，提高外语水平。为了不影响最终的按时结业，学生可以在国外正常得到考试评估。

三、专业合并与职业大组建设

2019 年秋季学期开始，高一可选择的专业简化为几大职业组，也可以叫职业大类。到 2021 年共有 14 大职业组最后确定下来。一个职业组涵盖高考的多种专业所需要的共同职业能力。此举的好处是，让学生对职业组对应的各种专业有深入的了解，逐步专业化。随着高中专业学习加深，职业高中学生能在高一结束时在职业组中对自己选择的专业细化。例如，学习建筑工程"高级技师证书"的学生面临数字化和技术进步的挑战，不同的职业工种和共同的基本能力发生着变化，他们要明白学习的一些专业能力是不同专业领域共有的，这样，他们从高中伊始即可在不同的职业相互联系中发现不同职业所需标准，开始自己的专业化道路。分组原则是依据共同或相似的职业技能，14 个大职业组包括航空、机械产品制造、信息与新能源、工业设备及汽车维护、自动化设施操作、绘图业和传播业、建筑数字模型与研究、后勤安全管理、客户关系、旅馆餐饮旅游业等。

四、职业指导方法的改善

开展应对未来职业的教育，提供职业指导。在初中第三年，所有学生经校长同意在学习期间用一天去职场观摩。到初中第四年，也就是最后一年，所有学生必须进入企业实习一周。

职业高中学生在高一入学时接受素质测试，以便展示个人需求并得到有针对性的教学。每个学生都有一支教师团队帮助其进行专业选择，打牢基础知识。职业高中 3 年期间，个性化教育达 265 小时；职业资格证书学习 2 年期间，个性化教育达 192.5 小时。

在职业高中最后一学年，所有学生都要制订一项高中后职业计划。学生可以选择以毕业后就业为目的的学习模式，也可以选择毕业后升学的学习模式。两者之间可以相互转换。这方面的学时需要 91 小时。

大多数职业类高考成功的学生，不论是继续在学校学习还是采纳双元制学习，一般是继续攻读 2 年制"高级技师证书"，或攻读 1 年制"补充学历"。另外，在职业高中阶段，获得职业能力证书的学生可以进入社会，也可以进入职业高中第三年继续学习，也可以攻读另一职业能力证书。

五、学制贯通和类别转换

打破全日制职业教育与学徒制教育的对立，增加职业高中内学徒制学部的数量。3 年制职业高中学历教育和 2 年制职业资格证书教育均可以在全日制和学徒制之间转换。首先，职业高中学历教育和职业资格证书教育之间可以转换，即在高一和高二，进行这两种不同证书学历学习的学生可以相互转换。其次，学生可以一年在学校体系学习，一年在企业培训做学徒，即学生身份和学徒身份可以转换。

职业高中学生通过职业类高考后可以用一年攻读"补充学历"。同样，职业高中学生获得职业能力证书后也可以用一年攻读"补充证书"。该证书是国家性证书，旨在帮助学生在获得第一份学历证书后再在专业领域深造，以获得这种更专业化的学历或证书。例如，获得车辆外壳修理专业职高毕业学历的学生可以用一年获得航空油漆技术员专业"补充学历"。

六、加大学徒制教育

法国政府采取 20 条具体措施促进学徒制教育的发展。包括：1. 所有 16~20 岁学徒每月津贴增加 30 欧元；2. 每个 18 岁以下的学徒一次性补助考取驾驶证费用 500 欧元；3. 每个学徒如遇学徒合同中断可继续在学徒培训中心学习并获得相应补助；4. 所有想接受学徒制教育但因知识和能力不足没有被雇主接收的学生，可以参加学徒制预备教育；5. 所有学徒及其家长均会获得有关他们要选择的学徒教育的详细信息；6. 所有中学第 3~6 年级学生均得到每年几天的职业和专业介绍；7. 学徒的最大年龄从 26 岁延伸至 30 岁；8. 所有学徒合同均将获得资助；9. 职业校园项目将优先得到发展；10. 1.5 万名学徒将获得学徒学生交换奖学金从而在欧洲其他国家受训数月；11. 相关社会合作伙伴将自行制订职业资格证书能力标准，并与国家共同制订职业资格证书考试标准（大学证书制定方法不变）；12. 对学徒聘用的各种补贴合并，重点针对微型企业和 250 人以下的小企业；13. 学徒合同超过 45 天后不能轻易被终止；14. 重新审视有关工作条件的法规以便学徒融入企业；15. 学徒合同的录入程序将得到改变；16. 学徒合同期限将根据学徒已经获得的资格水平得到简易的模式化安排；17. 雇用学徒可以不按学期时间在全年进行；18. 将鼓励通过对培训或工作经验的认证方式获得学徒培训师傅证；19. 学徒培训中心可以不受行政限制进行符合企业能力需求的教育；20. 学徒培训中心的教学质量奖励通过认证系统得到加强。[1]

① Gouvernement francais, *TRANSFORMATION DE L'APPRENTISSAGE*, dossier de presse, Fevrier 2018.

第三章 德国与法国职业教育的特点及比较

第一节 德国职业教育的几个突出特点

一、德国社会文化凸显职业教育地位

自由作为人类启蒙的基础，在德国人看来，它的源泉在个人试图超越自己的努力之中，亦即谓，自我确定一项义务正是要使之自由的事情。因此，德国有重视自我社会实践的传统，他们认为一个人的成长除了学校传授知识以外，一定有个什么其他的地方可以进行必要的体验和实践，它与学校具有同等的重要地位。这也是为什么我们至今还能看到德国小学生往往只上半天学校，另外半天更多地用于以个性化的方式开展自我启发天赋。另外，德国是许多以实践为基础的教学法的先驱，比如车间教学、自由学习、以项目导向的学习等。学校教育的最终目标是让每个人结合自己的才能，在社会中找到自己的位置，由此可以初步体会为什么德国教育很早地分流学生，促进学生未来融入社会和职业。

德国社会把教育与职业视为一体，把企业、受训者与学徒视为一体的理念或许是其学徒制经久不衰的根源。1871 年德意

志帝国成立之前，德国各州小规模作坊经济已十分发达，教育为就业服务的思想根深蒂固，造就了行业协会全面介入教育的传统。

德国走出去的留学生远多于其他发达国家，为其海外经济拓展提供了支持。德国经济事务与能源部和派外商会全面介入海外"教育带动经济"的战略，为此战略提供资金保障，其科教部门和经济部门通过联合办教育服务于经济的优势明显强于其他国家由教育部门独家办教育的做法。

德国普通教育和职业教育学校教师社会地位相对于欧洲其他国家较高。全日制职业学校教师的入职条件与学徒制学校一样，均需要通过统一考试，且入职前培训较为严格。德国的教师属于公务员，由各州政府聘用，成为正式教师前的职前培训时间是欧盟国家中最长的，他们工资较高，是经合组织成员中最高的，社会吸引力较大。[1] 例如，2017年德国的小学教师平均月工资开支为4 679美元，远高于经合组织成员平均工资；法国却仅为1 915美元，远低于经合组织成员平均工资。在包括职业高中在内的公立高中教师平均年工资上，2018年，德国为87 822欧元，法国为52 964欧元。[2]

二、社会共识下的协调管理监督机制完备

（一）德国职业教育多个实施主体

多主体特点决定了德国在监督管理方面的多元协调模式，各级政府、地区行业协会、企业、工会、学校及相关社会团体等多个利益主体在共识的原则下协商互动，并承担各自的职责。在制定企业和学校各自的相关培养实施方案时，政府、企业、工会和学校共同参与，在保障各方利益的同时，共同推进职业教育按照

---

[1]　OECD, *Education policy outlook:GERMANY*, OECD, 2014.

[2]　OECD, *Education at a glance 2019*, OECD, 2019.

既定的方针和目标协调发展。《联邦职业培训法》规定企业职业教育的主管机构为企业所属的各地区行业协会，地区行业协会内设职业教育委员会，为企业开展职业教育提供咨询和监督。而职业学校的主管机构为州事务署，内设州职业教育委员会。这两个委员会均为咨询机构，向州政府和行业协会提供职业教育方面的咨询和建议，但不具备决策权。无论是行业协会的职业教育委员会，还是州政府的职业教育委员会，均由学校代表、企业雇主代表和工会代表组成，他们从各自的利益角度为相关政策和法规的制定提供专业性建议和指导，并本着共识的原则达成一致，从而保障内容的一致性和有效性，以及在实施层面的有效推进。

联邦劳动局并不直接参与职业教育的实施，但为职业教育提供相关的专项资金，其下设"劳动市场与职业研究所"对就业市场保持密切的关注，发布职业教育岗位的供需信息，保证了职业教育供需关系的最大合理性。

（二）州政府的行政主导地位与联邦政府的协调职能

德国联邦政府对职业教育，无论是全日制学校还是双元制学校，均有基本统一的要求，但教育的管辖权在各州，各州情况有差异。教育是州一级的责任。[1]联邦德国的 16 个州被赋予制定教育政策方面的高度自治权。德国州政府负责"内部学校事务"，即制定学校的任务和目标，通过视察、听课和制定措施来确保学校遵循教学大纲和考试规则；而地方政府则是学校的维持机构，负责"外部学校事务"，即基建、内部设施、教学材料采买、行政人员及行政运作、非人事费用以及非教师人员费用、学校的开设、变更和关闭。

不过，由德国的 16 个州的文教部长组成的各州文教部长联

---

① Eurydice, *Organisation and gouvernance*, https://eacea.ec.europa.eu/national-policies/eurydice/content/organisation-and-governance-31_en.

席会议能够协调国家层面的政策。[①] 而联邦教育与研究部的作用局限在协调各州的教育事务、专项拨款、资金援助、制定职业教育和入职要求方面的规则。联邦教育与研究部放弃了其他教育政策权力，但把控职业教育方面的法规制定。学校教育归州政府管理，但校外企业培训则归联邦政府管理，联邦教育与研究部起主导作用，联邦经济事务与能源部与其协商后可以颁布法规承认有关职业并制定培训规则。[②]

在企业培训方面，联邦职业教育与培训研究所负责拟定培训规则，联邦政府负责批准并召集各相关部门共同参与。

（三）行业协会的高度自治与企业作为职业教育的主体

德国政治经济社会体系的一个重要特点是"定价自治"[③]，就是指各行业自行确定其工作合同和薪酬水平。在很多国家，政府要经常介入社会各方伙伴之间的矛盾，而在德国，联邦政府只是确立几项原则性的合同框架，以指导群体合同关系的商定。因此，有关工作待遇和工资事宜由社会伙伴单独负责，按行业操作。这是行业组织的特权，联邦政府在此方面没有任何职能可行使。此外，结社自由和协商自由这一践行社会民主的方法被写入了德国宪法，有力促进了工会的发展，使工会拥有较高的权威性和广泛的代表性。这样，企业的自由度就相对较高，自行决定未来发展和员工培训，培训青年并随后雇用成为合理的责任和自然的需求；行业协会的封闭性和集体性相对较强，全面管理企业，团结一致促进行业的发展，确保员工培训的质量。

① German way & more, *The german school system*, https://www.german-way.com/history-and-culture/education/the-german-school-system/.

② Hippach-Schneider Ute, Krause Marina and Woll Christian, *La formation et l'enseignement professionnels en Allemagne*, CEDEFOP, 2007.

③ Bourgeois Isabelle, "Pouvoir et responsabilité des syndicats allemands", *Pages Europe*, 11 mai 2016.

三、劳资关系融洽是学徒教育稳定运行的基础保障

德国工会与雇主协会协同发展。德国的工会十分强大，德国工会联合会拥有600多万成员，而法国工会联合会成员不到其三分之一。除了人数庞大，更重要的一个特点是全面参与政策制定的过程，与雇主和行政部门三方共同确定行业的经济和社会事宜。在此方面，其他国家多是政府与民间社会分享权力。德国总工会根据行业分成单独的工会，其使命是在具体层面上保障员工集体权益，而非仅仅是雇主权益。需要强调的是，工会工作目的不是为了在政治上开展道德斗争和理论抗辩，在此方面，工会要保持中立的原则。工会还有一个特点就是其行业产业属性，每个工会旨在保障其行业内的员工权益。除了一些特别部门的工会外，德国工会联合会下分八个行业工会，最大的工会是金属类工作工会和服务类工作工会。工会的财源主要来自会员会费，缴费约占会员月工资的1%。[①]

同样，从雇主组织看，雇主联合会也是按行业组织，不分大小，保障行业雇主的正当权益。与其他国家不同的是，联合会的组成体现了多样性，没有偏好的政治倾向，分属左右派的雇主都是成员。

最与众不同的是，工会和雇主联合会是真正的合作伙伴关系，他们共同工作，形成一个不可分割的整体，分别代表一个硬币的两个方面。一般来说，人们把雇主联合会和工会当作两个对立面，但在德国，他们双方没有道德方面的斗争，双方的权益是互补的。他们的任务就是代表各方在双边必须要做的事情之间和各自权益之间找到平衡点，他们首要考虑保障共同的权益、全行业权益以及整个德国经济权益。双方在两个层面上工作：在立法方面，他

---

① Lasserre René，"Le partenariat contractuel allemand à l'épreuve des corporatismes catégoriels"，*Regards sur l'économie allemande*，118（2015）.

们与政府协商；在所属行业运行方面，他们独家确定行为规则。

工会和雇主联合会商谈确立的劳动合同期限一般仅为18个月到2年，以确保双方对工作条件的可预见性，同时在合同结束前双方还要再次商谈工作条件，形成滚动性关系。在此阶段是不允许罢工的，罢工是在商谈失败后的最后手段，而且是不能够找到解决方案时的办法，此外，罢工前需要由双方认可的独立专家介入调解程序，释解双方矛盾。

从雇主联合会与工会的融洽关系的背景就容易理解双元制教育成功的原因。多数德国职业教育学生作为学徒实际身份是企业准雇员，亦即谓进入了社会。在学徒合同的约束下，由于德国劳资相互信任，雇主才愿意对学徒培训给予大量投入，学徒也才忠诚于企业，认真工作。如果社会发生动荡，在企业进行实训的学徒会首当其冲成为受害者。然而，就是这种社会团结文化，使德国在2008年全球经济危机中虽受严重冲击却保持了发达国家中较低的失业率，他们通过减少所有员工的工作时间和工资来保证不裁员或少裁员。[1] 在这种企业文化下，学徒期满转为正式企业员工对双方的发展来说也就有了基础保障。

四、企业与教育合一的社会意识强烈

企业是教授技能知识的不可替代的场所。德国社会把企业、受训者、学徒三者融为一体。企业培训成为企业责任和共识；雇主不把员工简单地看成生产手段，而是当作企业的有机组成部分；雇主把职业和职工的发展看作与企业获利同等重要，企业可持续发展战略要求重视职工能力。[2] 德国在1949年颁布的宪法

---

① Renault Thomas, "Pourquoi le taux de chômage n'a pas augmenté en Allemagne durant la crise？", *Captain Economics*，20/04/2012. https://www.captaineconomics.fr/–pourquoi–le–taux–de–chomage–a–diminue–en–allemagne–durant–la–crise.

② Bommensath Maurice, *Secrets de réussite de l'entreprise allemande*，Paris:les editions d'Organization，1991.

《德意志联邦共和国基本法》确立了德国的法治国家地位，强调信仰自由，同时确立社会化国家地位，指出没有社会的进步就没有经济的发展，工作不能仅仅是资本主义制度的一个元素，劳动者应该拥有共同管理社会的权利。

由于企业培训文化深入人心，整个社会普遍认为学历只是在进入职场时有一定作用，一旦进入职场后则是经验和结果起决定性作用。德国的银行总裁可以来自学徒制教育背景，这一点充分说明学历并不是万能钥匙，反映了德国文化中重视实用、不对抽象理论盲目崇拜的一面，凸显其教育实用主义的特点。

五、职业教育体系形成多层次化、多样化格局

从广义内涵上看，德国的职业教育是一套多层次、差异化、形式多样的体系。多层次是指它跨越了从职业预备教育、职业初级教育、较高级职业教育、职业继续教育乃至高等职业教育五个层次，在每个层次内，针对不同的人群需求和培养目标，教育学制和形式呈现多样性和灵活性，并在课程设置、培养标准、教学内容和能力目标等各方面均体现差异性。当然，职业教育体系多样化与各州自治密切相关。

德国企业作为开展职业教育的重要一元的双元制在德国能够取得成功，一个重要的因素是对过渡性职业教育的重视，其中一个重要体现是对不完全具备参与职业教育资格能力的青少年群体所提供的有针对性的、以全日制为主的职业教育预备年和基础职业教育年。[①]《联邦职业培训法》将职业预备教育的目标设定为"通过传授职业行动能力的基础内容，获得具备接受国家认可

---

① ANTJE COCKRILL & PETER SCOTT, "Vocational Education and Training in Germany: trends and issues", *Journal of Vocational Education and Training*, Vol.49, No.3, 1997.

的培训职业的教育资格"，这种预备教育由职业学校、青少年救助机构和联邦劳动局等机构共同承担，预备教育提供基础性职业技术技能和理论知识的学习，为竞争获得企业培训岗位做好准备。

职业教育中占主体地位的双元制职业教育体系涵盖大约330个国家认可的职业，根据职业能力要求的复杂程度不同，学制从2年到3.5年不等，学生可根据自己的意愿选择培训职业，获得企业提供的培训岗位后，可在企业和职业学校同时接受职业教育，并最终通过行会的统一考试获得职业资格证书。在职业教育中，双元制教育的比重较大，同时还有少数传统性或具有特殊职业要求的培训在职业学校内以全日制的形式开展。

除此之外，职业教育体系还提供了补充普通教育学历的衔接课程，让职业教育体系内的学生有机会获取进入普通高等学校所需要的学历资格，例如有既提供职业基础教育，又提供普通教育的职业专科学校（根据需要提供1年全日制职业基础教育或1年职业基础教育加上1年初中学历教育，以及3年全日制职业教育），而专科高中则是专为进入职业教育而又想升入高等学校的学生创办的。

在职业继续教育领域，专科学校提供了获取更高职业能力资格的职业专门教育，如全日制或非全日制的工匠学校（全日制通常是1年学制，非全日制为2年学制）和技师学校（全日制通常是2年学制，非全日制为3年学制），以及面向其他各类成人继续教育的职业提高学校。

在传统职业教育从专业技工、技师到工匠的职业上升通道之外，高等教育还提供应用型高等教育的双元制学士层次的教育。两个教育体系之间的能力资格互认得到实现，通过这种方式充分保障了职业教育上升通道的通畅性。

学习的双元性和地点的多元化较为突出。德国的职业教育并非单一发生在学校，而是基于多个参与职业教育的学习地点和机构之间的合作，特别是双元制职业教育体系，这种合作包含了培训企业、职业学校，以及行业协会负责的手工业跨企业培训机构的参与。其中企业是职业教育的主体，有资质的培训企业根据自身的需求提供职业教育岗位，招收双元制培训生，提供培训场所和培训教师，遵照法定统一的《企业培训条例》实施企业内部培训，有三分之一的时间将培训生送到职业学校，由职业学校按照同样法定统一的《框架教学计划》提供该职业理论内容的学习，让培训生接受普通义务教育。《企业培训条例》和《框架教学计划》作为企业和学校各自的教学大纲，由来自企业、工会和学校的专家代表参与制定，在内容上达成高度一致。而对于无法提供实训场所或教学大纲中所规定的培训内容的某些小型企业，则由行业主管机构组织跨企业培训中心开展必要的理论和实践培训，以弥补不足或缺失，《联邦职业培训法》中规定这类小企业必须将培训生送到跨企业培训中心接受每年 1~3 次、每次 1~3 周的学习培训。这样做的优点是使学习内容更加贴近企业的需求和实际，加强理论和实际技能的运用，一方面保证了企业高素质后备力量储备的可持续性，另一方面有利于保障职业教育的质量。

第二节　法国职业教育的几个突出特点

一、兼顾各方需求，强调综合职业知识

法国教育是以教育部规定的学习知识的共同基础课程为特点。这个体系不太强调教师个体的重要性，不像德国那样突出模范教师、精神导师、学徒培训师等。对于学生来说，每个老师将统一的规则、步骤和评价方式强加于学生，学生被动接受文化和理论课教育。

早在 1792 年，即法国大革命之后不久，当时的政府就认为教育的目的是向全体公民传授文化知识，而这种教育不仅为了满足生产体系对劳动力的大量需求，还要确保新的民主政治制度得以延续。1971 年 7 月 16 日，法国政府颁布了被视为世界成人教育史上里程碑式的《继续职业教育法》，该法不仅规定了继续教育在国民体系中的作用和地位，还对国民享有学习的权利和义务、带薪教育休假制度、教育经费等问题做了具体的规定。2004 年，《终身职业培训及社会对话法》又规定了三种培训类型，即职前、在职、各种生活能力的培养。2014 年列入《职业培训、就业和社会民主法》的"个人培训账户"也包括个人要求在综合生活能力方面的培训，亦即谓兼顾国家、单位、个人三者需求的不同目的，除了增强国家实力、企业竞争力，也考虑人的受教育权利和人的全面发展。

在这种背景下，法国职业教育的理论知识传授比重相对较大，综合专业知识传授多于较单一的专业知识，在多个企业的广泛综合实习多于在单一企业的学徒工作。为了促进教育平等，职业教育通往升学的道路逐步得到贯通。

法国以全日制为主的职业教育模式侧重综合的理论基础知识和多次不同的实习岗位经历，提高学生的综合应变能力。理论和文化知识的全国统一考试确保了学生理论基础和综合素质。在 2～3 个学年的学习期，学生需要进行多次实习，虽然实践时间不像学徒制那么长，但对不同工作增加了全面了解，增进了理论与实践双向反复认识与磨合。学徒制学校教育仅有每周 8 小时专业理论教育和 4 小时文化教育，然后大部分剩余时间在企业做工，这一体制在主张全日制的人看来存在严重缺陷。

二、重抽象理论轻操作技能的社会观念仍然存在

脑力劳动和体力劳动从古到今都有经济和社会地位的差别，

学校体系亦即在制造这种差别，只有读取更多更高的学历，才能处于更好的社会位置。

法国大革命摧毁了封建等级制度，树立了自由、平等和博爱的旗帜。但"学而优则仕"的思想和"科举制度"模式影响着法国，并延续至教育行政管理，渗透至整个教育体系。一个家庭的文化资本在很大程度上决定着孩子的学业和未来社会地位。从义务教育阶段老师不主张学生预习从而推动启发式教学，到高中阶段的普通学校、技术学校和职业学校分流，再到高等教育阶段的普通大学和高等专科学院分别设立，处处能看出重视抽象理论知识的精英教育的影子。而那些不习惯抽象理论知识学习的学生只能走向侧重具体操作性学习的道路。法国著名历史学家安东尼·普罗斯特形象地把职业教育比作教育大家庭中的"穷亲戚"，不受尊重，这是人们知道但又不愿听到的社会现实。在这一大环境下，不能被纳入普通高中的学生不得不选择职业高中，即使职业教育能够提高青年的就业及就业能力，但经济和社会地位相对较低，社会给予抽象理论的价值高于操作技能。

三、全日制职业教育占主导地位

法国全日制职业教育是职业教育体系的主体。学徒制曾经占据职业教育的"半壁江山"，但随着"重抽象理论轻实践操作"社会思潮的发展，政府期待职业教育中的学校教育发挥更大作用。政府认为，高中学生转成企业学徒工身份存在社会不稳定风险，一旦遇到经济危机，企业无疑将把这些青年推向社会。此外，社会和企业普遍认为，选择学徒制的学生多为学业一般的学生，让企业出资培训这些学徒，并让企业在其毕业后雇用，不仅人力资源质量不高，而且有培养后跳槽的风险，对企业弊大于利。在这些因素的作用下，学徒制人数大为萎缩。

为了解决青年高失业率的严重问题，需要加强知识与实践的结合。法国于 2018 年通过《学校信任法》，加大学徒制教育，确立扩大学徒人数的宏伟目标，并采取灵活措施使学生可以在全日制和学徒制模式之间转换，但全日制模式的绝对主导地位难以被撼动。

全日制职业教育和学徒制职业教育虽然两轨并行，但学徒制教育游离于政府主导的学校全日制职业教育之外，即使接受学徒制教育的学生既能通过企业劳动为未来就业做准备，又能通过考试获得全日制学校学生可以获得的一切证书，但由于学徒制职业教育模式的办学主体的身份较为复杂，且教育程序比较烦琐，因此还是难以得到学生的青睐。此外，两种教育模式只要通过考试均能获得专业证书和升学资格。学生如果不想进入职场，可通过升学考试进入大学学习，最高能够得到职业教育类硕士学位。同时，全日制职业教育也在不断改革以确保其在职业教育中的主导性，在全日制教育的初中阶段设立了职业初探课程，在高中阶段设立了以职业为导向的跨学科项目课程和个性化需求学习课程。教学形式也呈现了交替式教学、个人实践教学、企业联合教学等多样化特点，学生可针对每个阶段的不同情况自主选择课程和受教育形式。在高等职业教育阶段，高级技术员班有 40% 的学生接受学徒制教育，但因其设在条件较好的技术高中，所以仍属于全日制教育模式的范畴，由大区政府负责管理。大学技术学院的学徒数相对较少，且由于设在大学内，受政府直接管理。

四、师资、教材和教学评估统筹有序

法国职业教育的师资在全国范围内选拔。每年国家对新聘职业教育的师资配额均有规划，通过全国统考资格证书公开向全社会招聘，确保教师的数量和质量。教师除了承担日常文化、理论课和专业理论及实践课的教学，还帮助和组织学生备考全国统一的专业证书和高考。在学徒制教育体系，学徒培训中心教师承担组织备考。培训企业既不承担考试评估，也不组织考试。相比德国，法国学校的工作量较多。而德国教授文化和理论课的老师是在州一级选拔，各州之间的沟通还不够，且学校实践技术课老师不属于公务员，其资历和水平不如文化和理论课老师。

法国职业教育的教材质量很高。法国的教材建设一直持续发展，国内六大出版社参与职业教材的编写出版，面向全国使用。无论文化和理论课还是专业理论及技术课，无论 2 年制职业能力证书教育还是 3 年制职业高中会考证书教育，都有专门的教材。而在企业做工和接受培训的法国学徒没有企业培训教材，以学校专业课教材为主，势必影响学徒备考的职业资格证书和学历证书的成功率。

对职业能力的教学评估的重要内容是国家级的职业资格证书和学历证书的考试，无论是全日制还是学徒制，无论笔试还是口试，无论文化理论考试还是实践操作考试，统一评估保证了标准的统一和结果的透明。

法国师资建设、教材使用、教学评估和证书考试的统筹有利于保障职业教育质量。职业学校和学徒培训中心都使用围绕职业资格证书和学历证书学习的教学大纲和教材，参加标准统一的证书考试，确保了教学质量的均衡和教育过程的透明。

五、广义职业教育与狭义职业教育并重

法国传统意义上的职业教育从高中阶段向大学本科甚至硕士阶段上延，并在教学中引入文化、理论课和专业课联合教学的机制。而广义的职业教育覆盖整个教育层级，法国政府对此十分重视，规定在初中最后两年必须安排学生了解职场和开展实习，并从教材入手，根据不同教育阶段由浅入深地加入职业内容。两头并重的政策考虑源于就业压力和社会对教育不能满足需求的责难。各级普通教育加大职业知识传授的势头给传统职业教育发展

带来压力。但从传统的对教育的定义和分类上看，无论联合国还是欧盟，都仍然并列提及"义务教育、职业教育和高等教育"这几种不同教育。

严峻的经济形势要求所有劳动者须具备职业知识。欧洲国家认为，职业教育已经不再是就某个专门职业的培训和再培训，它将涵盖义务教育、高中教育、高等教育、终身教育等整个教育体系。它们开始把应用知识的传授融入了整个教育体系，落实于从小学到大学各阶段教学之中，引领"使各种培训普遍化"的国际趋势，通过实行"为了工作而学习"的职业化学习，适应劳动市场的多样性和多变性。这一导向强调的是职业教育应是政府和全社会的事，这与联合国教科文组织的改造职业教育的国际呼吁同出一个理念。

研究表明，从长远的就业和职业发展看，职业教育培养的学生在初次就业中有优势，普通教育的毕业生更具长远就业的优势，因为未来工作岗位的不断变化更需要具有综合能力和抽象认知与分析能力强的人才。[①]饱受各方面压力的职业教育如何提高质量，增强吸引力，成为法国政府关注的难点问题，但无论如何，职业教育以其固有的特殊性和必要性与普通教育继续并行共存，法国的情况即如此。

第三节　德国与法国职业教育的主要异同

各国的职业教育体系因其文化和历史的不同而各异，法律框架、行会作用、传统文化、教学原则、机制构架等因素塑造了各具特色的体系。对不同的职业教育进行精确的比较是极为困难之

---

① Hanushek Eric A, Schwerdt Guido, Woessmann Ludger and Lei Zhang, "General Education, Vocational Education, and Labor-Market Outcomes over the Life-Cycle", *Economics Working Paper*, October 2015.

事，但对厘清各自内涵和外延是必不可少之事，因此，对德、法两国的职业教育进行对比研究，不是为了证明优劣，主要目的在于通过分析差异明确各自的优势与特点。

一、教育体制的差异

（一）国家教育行政体制存在差异

德法两国具有不同的教育行政管理体制。德国是联邦制国家。邦联政体给予德国的 16 个州很大的权力主导地位，各州的文教部肩负本州的教育事务管理责任，德国联邦教育与研究部侧重职业教育立法和政策，形成德国职业教育实施主体的多样性和多元性特点。法国是总统共和制国家，总统和中央政府的权力较集中，其国民教育部统管国内各级各类的教育事务，各地方（共 13 个大区，辖 98 个省）教育局的负责人由中央政府任命，代表中央管理该地区的教育，法国形成全国范围内较为统一的职业教育实施主体。

（二）对教育属性的理解存在差异

德国和法国同属于最早践行教育的公共性、义务性、免费性的国家。18 世纪，普鲁士王国即推行免费的义务初等教育，不仅教授读写算，还教授道德、义务、纪律和服从，为德国统一的文化特色的形成奠定了基础。实际上，出于对国家发展的需要，普鲁士政府强化了德语学校的发展和学校教育的世俗性和强制性特征，在中等学校将训练未来牧师的任务降至次要地位。在大学阶段，除哲学和天主教大学的神学院仍使用拉丁语授课外，都使用德语。随着 1871 年德意志帝国的成立，学校的教育体系更加集中于国家意志上。

德国学前学校较少。长期以来，德国社会鼓励学生的社会实践活动，认为学校教育对学生的学习成长只能发挥部分作用，政府对学前学校的资助不多。另外，德国普遍认为，公立教育对培养良好的公民意识和共同目标至关重要。德国的私立和教会学校较少，公立学校占绝大多数。所有家庭学校在德国都是不合法的，因为儿童不能只接触父母，儿童有权接触社会。《联邦职业培训法》规定义务教育之后的学生必须接受职业教育才能进入社会。德国成为历史上第一个由国家要求学生必须进入一所职业学校学习的国家。

法国对教育的公益性重视程度不亚于德国。法国大革命带来的最大的社会变化就是"平等"思想的深入人心，等级和宗教意识逐步让位。国家主管教育在法国是一个重要特色。如果说德国重视学生的社会实践活动，那么，法国则更重视学生的学校学习。与此同时，由于"自由"是法国的又一重要价值，私立教育被允许存在，并且这些学校多为宗教学校。为了全面管理学校，政府逐步通过立法支持私立学校及其教职员工，既确保了它们的生存，又使它们的教育以共和国教育大纲为基础。因此，法国政府对职业教育中的公立和私立学校教育的管理程度高，对职业教育中的企业培训不够重视。

（三）进入职业教育的分流制度存在差异

德国和法国作为两个相邻的国家，在教育上有许多共同点。两国均将教育作为公益事业，国家承担主要开支。两国均重视义务教育的普及和中等教育与高等教育的分流。

德国教育的学生分流时间较早。在德国教育体系中，学生在小学毕业之后即开始分流定向，这种模式虽然是小众，只有德国、奥地利、荷兰、卢森堡等国家使用，但也具有一定影响。德国中等教育分流在小学最后一年即开始筹备，初中前两年是正式分流前的考察时期。进入主体中学的学生毕业后只能进入高中阶段的职业教育体系，实科中学的学生毕业后根据学业水平进入职业教育体系或普通教育体系，文理中学的学生毕业后基本能进入文理高中。德国的学生高中毕业后进入非高等教育层级的比重较大。在高等教育阶段，德国刻意将研究型大学和应用型大学区分开来。

法国教育体系的分流方法更具有普遍性，即学生在小学和初中均接受普通教育，在初中最后一年开始分流。学生在高中阶段接受不同的职业教育、技术教育或普通教育。法国几乎没有高中毕业后再接受非高等教育这一教育层级的情况。法国从形式上确保大学教育的统一形式，所有通过高考的人均能进入与其成绩相匹配的大学。为了加强大学精英教育，在大学之外设立高等专科学校和工程师学校。

二、德法职业教育模式的差异

德国双元制职业教育模式在管理机制上与普通教育制度相去甚远。由于双元制职业教育的管理主体是私营部门，亦即企业和行业，因此，它拥有自己的组织构架和教育规则。它既属于市场行为，又受政府规定的约束，两者之间存在非常复杂的协调机制。从教育地点看，企业的学徒式教育是"双元制"中的重要一元。学生与企业签署学徒培训合同，既是学员更是企业准员工。在企业培训内容上，由企业雇主、工会和公共教育机构共同确定培训规章和职业标准。作为学生，要在职业学校进行文化和理论课学习，因此要受到学校制度的约束。在教育经费方面，每个企业都要为学徒培训出资，但培训开销可以通过赋税抵扣。企业要给予学徒一定薪酬，具体数额由集体协商确定。而负责文化课教学的职业学校的经费则由公共财政负担。从教学原则上看，双元制继承了德国历史上的工匠培养的传统，以职业开发为工作重心，以自我管理为运作原则，以做中学为教育模式。

这种"校企双元模式"是德国职业教育的重要模式和特点，它独立于全日制职业教育，是一个特殊的教育分支体系。它发挥着劳动者、企业和政府之间的沟通桥梁的作用。行业协会作为中介机构的参与机制通过立法不断得到完善，它们为政府管理劳动者的资格教育，以及在公共矛盾突出领域，帮助弥补政府和市场的一些缺陷。但是它在行政组织和法律方面与正规的全日制的职业教育学校体系明显存在不同，特别是与高等教育体系的矛盾更突出。

而在法国的职业教育领域占主导地位的全日制模式在教育的供求关系上受制于公共教育机构和官僚体制。这种规划式的职业教育方式不可能精确预测需求。只有在基本职业种类较少的情况下，规划式才能发挥最大效力。从职业资格上看，全日制职业教育的类型和风格不受制于企业实践应用。抽象化和理论化是职业学校教学的核心原则。那些建立在实践活动基础上的简单职业无法执行这些原则。学校教育的特点在各种不同类型课程中的体现存在明显的区别。不同的教育机构根据资格和学历的不同需求被分成不同层级，而进入不同机构学习往往根据普通教育结束时所获得的学历或专门入学考试成绩而定。在经费方面，学校教育由政府承担。由于学校固有的局限性，职业学校不可能按照同一类教育接收所有学生。在这种机制下，学校教育模式符合精英教育体系，首先确保的是更高层级的职业资格。学校职业教育模式几乎必然产生一种趋势，即教育趋向资格层级的上移。

三、德法职业教育立法的异同

德国与法国有关职业教育的立法有不少相似点。德国的《企业章程》及法国的《阿斯蒂埃法》等，构成了现代欧洲职业教育法律的雏形和基础。两国职业教育立法有着体系完备、内容丰富、监督有力等共同特点。德国构建了以《联邦职业培训法》作为基本法，以《企业基本法》《青年劳动保护法》等职业教育法律，《职业教育条例》《实训教师资格条例》等部门规章，以及各州政府制定的职业教育法共同组成的职业教育法律体系，对职业教育进行全方位的管理和规范，促进职业教育稳步发展。法国构建了以《教育法典》和《继续职业教育法》为基本法，旨在完善基本法的一系列职业教育法规和教育法规共同组成的职业教育法律体系，分别规范以学校为本位的初始职业教育和社会继续职业教育。

从德法职业教育立法经验看，首先，两国关于教育方面有着长期的法治传统和扎实的制度建设。其次，两国围绕职业教育形成了多层次、多样化的法制保障体系，确保了职业教育的有法可依、依法执教。最后，两国都强调职业教育法律执行的监督机制。德国建立了共识原则下的协调管理监督机制，各级政府、地区行业协会、企业、工会、学校及相关社会团体等多个利益主体在共识的原则下协商互动，并承担各自的职责。不同的实施主体，从各自的利益角度为相关政策和法规的制定提供专业性指导和建议，并本着共识的原则相互达成一致，从而保障了内容上的一致性和有效性，以及在实施层面的有效运转。法国建立了共识原则下以政府为主、社会各相关方广泛参与的监督管理机制，设立教学监督和评估机制及行业协会指导委员会，对职业教育的各方面进行管理和优化，形成全国统一的监管体系。

两国有关职业教育的法律起草部门、政策制定部门以及法律覆盖范围存在差异。在横向上，德国教育、经济、劳动等部门共同参与制定的《联邦职业培训法》规定了初始职业教育的发展。在纵向上，德国联邦政府教育主管部门在教育方针和课程设置等方面进行统筹规划，而各个州又可以根据自身的优势和需求进行单独的规划安排。这样，两级政府相互协调、互相补充，既保证了联邦政府的主导地位，也让各地区相对自主，实现良性竞争。联邦教育与研究部的权力有限，但保留了制定职业教育法规的权力。德国经济主管部门与行业协会在学徒制企业培训上发挥了主导作用。

法国在同期颁布的《继续职业教育法》与初始教育无关，随后出台的相关法律的起草部门是以劳动部门为主。国民教育部与劳动部在继续职业教育和涉及学徒制的初始职业教育上共同参与法律起草和政策制定。但初始职业教育主要在《教育法典》的指导下开展。法国国民教育部领导大区教育委员会、地方行政机构以及全国职业教育机构，统一进行领域内的体制管理、机构资助、人事任命等事务。教育立法工作由国民教育部提出方案，提交议会和参议院批准。而继续教育和学徒制职业教育的立法以劳动部为主体提出方案。

四、校企合作方式的差异

在德法两国，无论是全日制职业学校还是双元制职业教育中的开展文化课教学的职业学校，多属于公共部门。法国的有关法律规定，私立部门或个人与学校的合作要签订明确的合同。自愿捐助是资金合作的主要形式，私立部门不能有盈利企图，学校单立账户接受外来的捐助，且不能有任何获利行为。因此，公立学校与企业基本不存在资金往来与合作。

德国职业学校与企业的联系往往局限在学徒与企业、学徒与学校确定的关系上，双方共同参与教学大纲制定和教学组织上。有培训资格的企业承担实践课教学任务，其教学内容根据州府和行业协会制定的教学大纲确定，行业协会组织专业证书考试，因此，企业与负责文化和理论课教学的职业学校两者之间的联系并不紧密。此外，企业参与双元制中的学徒培训已经耗费大量资金，也没有必要再对职业学校给予捐助。

在法国，全日制教育的学校与企业接触的机会很少。即使开展学徒制教育的学校，在校企接触程度上也低于德国，更何况法国的企业不负责职业资格证书考试。这样，学校与企业的联系和合作仅限于学生实习、学徒学业跟踪和教学评估等方面。当然，法国的全日制学校体量较大，有些大企业自愿无偿为一些学校提供捐助。

五、德法职教模式的不同侧重及优势

（一）两种模式的不同侧重

全日制职业教育与学徒制职业教育对于教育内容的侧重不同，前者注重提高整体知识水平，后者侧重职业技术水平，这使得两种模式处于不同的地位。

德国职业教育的两个执行主体是学校和企业，由于行业协会负责职业资格证书的考评，企业培训对职业教育的影响和作用大于在学校接受文化和理论课教育。这是德国实施的学徒制职业教育的基本特色。行业协会长期深度参与职业教育，促进德国双元制中的学徒教育不断发展，绝大多数接受职业教育的学生都在企业接受学徒培训，成为领取一定报酬的学徒工。

德国教育与培训委员会早在 1964 年就阐明其双元制职业教育是"在企业和学校同时进行教育的职教体系"，这一模式发展至今一直是职业教育学生从在学校学习向进入社会参加工作转变的主要路径。德国许多企业和相关公共机构投入大量人力和物力培训学徒。企业的这一巨大投入不仅给其受训的劳动者提供接受教育的机会，也使自身能够不断输入新鲜血液。此外，培训企业根据法律要求传授国家普遍的课程内容。为此，德国的职业教育向学生传授的不局限于企业或机构的知识和技能，而是面向一定人群的更广泛的应用知识和技能，传授的是被认可的职业综合知识。经过这种教育，受训者完全有机会在其他地方以更好的条件就业。当然，也有人对德国的企业培训占据主导地位的双元制模式有不同的看法，他们认为学生在学校和企业接受教育的时间和花费的精力应具有同等的价值。德国 16—20 岁的学生中，只有近三分之一接受文理学校教育，为升学做准备。有近一半在全日制高级职业学校（职业文法学校、高级技术学校）学习或接受双元职业教育。他们最后有资格成为从事工业技术的熟练工人、企业的工人或在商务及行政方面具有技能的白领。企业提供的双元制教育并不能为每个申请者都提供同等的机会。每年都会有一些企业没有能招聘到合适的学徒，同时很多学生找不到接收企业。企业接受学徒是双元制教育得以运行的先决条件，而德国青年开始接受（双元制）职业教育的平均年龄为19.7岁。德国可以进入双元制职业学习的年龄限定为15—24岁，生源不仅来自主体中学和实体中学的学生，还有一些普通高中的学生和职业教育预备学校的学生。

法国职业教育的主要特点是以学校教学为本位，中央政府在整个教育体制中发挥领导和管理职能。如前所述，政府全权管理教育是有历史传统的。法国大革命之前的学校多为教会学校，甚至多以拉丁语授课，法律、医学是从宗教科目中衍生出的主要职业学科。19世纪，随着现代教育逐步建立，职业教育类学校在1880年开始迅猛发展。在第二次世界大战之前，法国政府不过多介入职业教育，鼓励企业自己调控培训活动。随着劳动力匮乏的情况出现，政府才开始全面介入职业教育体系。[1]近年来，由于青年失业率居高不下，法国政府加大了学徒制教育发展力度，对学徒年龄的限制扩大至29岁，并对雇用学徒企业及学徒采取了各种资助措施。

以学校教学为本位的职业教育使法国的职业教育与普通教育或高等教育共同组成学校教育体系，它代表了职业教育的主体。由于法国鼓励多元文化，企业学徒制教育经历百年的风风雨雨，得以继续生存。而且由于学徒的企业员工身份，学徒制被隔离在传统的正规学校教育体制之外，由学徒培训中心负责承担理论教

---

[1]　Thivend Marianne, Schweitzer Sylvie, *Etat des lieux des formations techniques et professionnelles dans l'agglomération lyonnaise*, *XIX siècle–année 1960*, LARHRA–UMR 5190, 2005.

学、与企业实践教学沟通和组织学徒参加证书及升学考试。

学徒制拉近学校与企业、知识与实践的距离，在就业上有优势。但是，学徒往往被社会看作文化和理论课学习差的学生，企业自然对雇用这些学徒持谨慎态度。从另一个方面看，职业教育体系如果完全采取学徒制，遇到经济危机，可能给社会稳定带来一定负面影响。企业是否雇用且雇用多少学徒决定着学徒制的开展程度，企业有理由拒绝不合适的学徒申请者。法国政府的教育主导作用强大，为了促进青年就业，政府不仅通过学徒税调动企业接受学徒的积极性，还在学徒制便利措施上发挥主动性，资助企业和学徒，与各大工业协会签订培训契约，增加培训机会。

（二）德国双元制与法国交替制的差异

德国的双元制模式和法国全日制与学徒制交替的模式存在一定差异。德国双元制是教育与职业、理论与实践紧密结合的一种形式，这种结构要求企业、学校与社会伙伴之间的相互协作与监督程度高。其核心要素是职业教育的实施发生在企业和职业学校两个学习地点，行业主导培训标准和职业资格证书考试，学生具有企业员工和职业学校学生的双重身份。学校与企业的任务与角色各不相同，学校的主要任务是开展理论与实践教学，培养和教授给学生专业、个人和社会等方面的职业行动能力以及相关理论专业知识。行业协会是双元制的第一主体，学生进入企业培训体系内完成了职业技能资格的培养，掌握一技之长，获得由行业颁发的进入劳动市场的准入资格证书。由于企业在学徒培训中起到关键作用，是重要的一元，所以德国人把其学徒制称为双元制。

法国学徒制是法国职业教育的一种重要形式。法国 16 岁至 29 岁青年均有权参加学徒制。学徒制学生通过学校学习和企业实践的交替方式完成学业，学徒既是学生，也是企业员工，领取企业发放的津贴，这些与德国双元制类似。1971 年，法国颁布了《德洛尔法》，确定了学徒制作为法国职业教育体系组成部分。1987年，《塞甘法》颁布，扩大了可通过学徒制获得的证书范围，高等教育阶段学徒制得到发展。20世纪90年代以来的一系列学徒制改革，使学徒制办学主体、经费来源、涉及专业领域等朝着更加多元化的方向发展。与德国双元制不同的是，教授文化和理论课的学徒培训中心是职业教育的第一主体，负责组织学徒参与国家证书的考试。学徒制已经成为法国教育体系的一个重要特色。企业只是起到接受学徒实践的作用，不负责证书考试。法国人将其学徒制往往称作"交替制"，即学生在学校和职场交替学习。

在学徒制实践教育的质量监管上，德国企业发挥主导作用。学校与培训企业职责划分明晰，学校教授文化、理论课和专业理论课，企业传授实践课并负责实践教学，行业协会负责专业证书考试和评估。而法国全日制职业教育通过每年近两个月的实习要求，使学生接触企业。而企业不负责证书考试，实习成绩只起有限作用，因此对学生约束有限；法国学徒制与德国相比虽然有很多相似点，但专业证书和学历证书考试是国民教育部的全国统一考试，学校或学徒培训中心负责组织考试。

（三）学徒制教育在就业上的优势及法国学徒制的发展

学徒制教育有利于就业。在职业学校毕业生就业方面，2016年德国在其教育分类标准第3、4级教育层级学习的20岁至34岁的职业教育毕业生就业率达88.4%，高于欧盟的78.1%的平均水平，且高出本国普通教育毕业生就业率23.2%，体现了职业教育学生技能发展和更能满足劳动市场需求的实际情况。而2016年法国20岁至34岁职业教育毕业生就业率为70.2%，比其普通教育毕业生的就业率仅高出3.6%，远低于德国。

法国政府不断促进学徒制是其教育改革发展的一个重要环节。早在2010年10月法国劳动部和投资局启动了"未来投资计划"中的项目"双元培训设施的现代化"社会招标，总经费 4.5 亿欧元，旨在支持在促进学徒制方面的革新性项目，加强企业、培训机构、研究机构及地方政府的合作关系。2012 年 11 月，法国政府又通过"竞争力契约"，加大重振学徒制教育的力度，提出至 2017 年年底将学徒在学人数从 2015 年的 44 万增加至 50 万的计划，并常规性支持企业和教育机构加强学徒培训。2014 年 11 月，法国国民教育部、劳动部、经济部、投资局和信托局共同发起"未来投资"计划中的项目"促进职业教育与工作的合作伙伴关系"社会招标。伙伴关系双方为大中小企业和教育培训机构。2018 年法国进一步加强学徒制教育，提出了促进学徒制教育的 20 大举措。

除了通过各种行政手段加强学徒制的权重外，法国政府还欢迎企业对学徒制教育提供帮助。例如，法国国民教育部引入跨国公司西门子公司学徒制，以扩大高职学徒。

六、普通教育与职业教育贯通衔接的差异

德国和法国的职业教育兼顾普通教育和职业技能教育，在充分保证个人的自由选择和发展规律的前提下遵循"教育没有断头路"的基本方针。这一基本原则在职业教育和普通教育的贯通性和衔接性上得到很好的体现。这种贯通衔接是指在考虑已获取的能力以及教育领域的相近性的情况下，个人在同一教育领域内或不同教育领域之间进行相互承认和衔接的可能。德法两国普通教育与职业教育互通的形式类似，比如同等职业教育领域内的互通（水平互通），职业初级教育和继续教育与高等教育之间的衔接与学分认定，与欧洲其他国家的互认等。这种互通性很好地保障了受教育者在职业教育体系与理论教育体系内的自由流动，充分满足了个人发展与终身学习的需要。

但由于德国中等职业教育体系较复杂，学校种类较多，其互

通形式还包括职业准备教育与双元制职业教育的互通，包括在双元制职业教育内同一个职业领域里具备共同的跨职业能力资格的培训职业之间的互通。

德国联邦政府促进高等教育在职业教育方面的能力认定，保证职业教育的可持续发展性，同时提高其职业教育的国际竞争力。联邦教育与研究部要求职业教育、职业继续教育的学习时间要与大学学习相衔接，并纳入大学所采用的欧洲学分系统。这就打通了职业教育体系至高等教育体系的上升通道，职业教育学生进入大学学习后，不仅其职业教育经历可以被记入大学学分，而且其行业协会职业资格证书的效力还在升学方面发挥作用。由此可见，德国经济部门与高等教育部门保持良好协作关系。

尽管德国职业学校毕业生获得的行业职业资格证书可以被视为进入高等教育的资格，但多数毕业生难以进入，即使进入，也只是科学应用大学和更低一级的高等职业教育。他们没有机会参加文理学校的高考。这种职业学校在通往高等教育的道路上并不十分畅通。

法国高中阶段的职业类教育、技术类教育和普通类教育均有各自的全国统一高考，成功者都能升入大学。但现实中，由于法国考试难度大，职业类的学生高考获得成功的不多，但各种学制的融通渠道是畅通的，这与德国的情形不太一样。近年来，法国放低了高等教育的门槛，更多的职业教育生将有资格接受"高级技师证书"教育。

七、国家资格框架设计和管理机制的异同

（一）德法国家资格框架设计的共同要素

确立资格框架发展的终身教育理念和基本目标。从德法国家资格框架确立和实施的过程看，终身教育理念是资格框架发展的主导理念和基本目标。两国资格框架衔接各级各类正规教育和非

正规教育、非正式教育，打破学习时空和形式的限制，提供多样化的受教育机会和途径，构成终身教育实现的基本制度保障。与此同时，全民教育思想也融入其中。在涵盖各级各类教育和可实现先前学习认证的制度框架下，个人多样化、个性化的教育需求和持续发展的愿望能得到最大限度的满足和最大可能的实现，从而促进全面而有个性的发展。两国在终身教育理念主导下重视与资格框架相关的一系列具体的教育理念。一是学习成果导向。因连接不同教育和学习活动系统，资格框架中资格的获取不受制于具体的学习形式和投入量，只以学习者学习后所理解、掌握和做事的实际能力即学习成果为评价对象。二是基于标准的评价。资格标准是资格框架的基本结构要素之一，它界定了应达到的知识、技能和能力水平。相对于常模参照，基于标准的评价能针对不同系统、不同群体的学习成果并客观反映能力水平。三是突出通用能力。通用能力超越具体的教育类型和工作场景，是资格框架之所以能连通不同系统的"等值"条件之一。资格框架中具体资格的标准，无一不是针对通用能力的；对于涵盖的具体行业领域，也是该行业基本的专业知识和技能。

根据教育和社会现状准确定位和规划资格框架。德法国家资格框架的发展，从部门框架发展到一体化框架，再到终身学习框架，逐步实现框架的统一性、可比性、透明性和全纳性。此外，顺应经济社会全球化的趋势，资格证书逐步从国家走向区域和国际。

科学设计实现特定目标的资格框架的基本结构。德法国家资格框架的标准维度主要从知识、技能、能力和情感态度价值观四个维度入手；按职业大类研制针对职业能力的层次标准；通识性的知识、技能标准主要由教育部门、科研部门制订，而行业能力标准则以行业制订为基础。

协调资格框架确立和实施中多责任主体的关系。资格框架的确立和实施涉及多个责任主体的协调，包括教育和培训系统内部的合作与整合、行业企业界的参与、劳动力市场和社会的认可等。德国在这一点上更为突出。

切实完善资格框架有效运行的各种支撑条件。德法资格框架作为国家资格制度体系中的核心内容，其支撑条件包括制度体系的完善和外部支持条件两个层面。以资格框架为核心的制度体系方面，不断完善资格标准、资格认证、课程建设、学分转换、非正式学习结果认定、质量保障机制和技术支持等条件。

（二）德法国家资格框架的相似点

1. 覆盖各级各类教育

德法国家资格框架适用于普通教育、职业教育、高等教育等各级各类教育，全面覆盖正规教育、非正规教育和非正式教育所产生的资格证书。德法已经把非正规教育机构所授予的资格纳入国家资格框架。两国国家资格框架纳入各种资格类型，分为学位资格和职业性资格，学位资格包括学士学位、硕士学位和博士学位三种，分别分配至六级、七级和八级，职业性资格更多地分配到一级至七级。职业性资格又分为非学位类职业资格和学位类职业资格两大类，德国非学位类职业资格种类繁多，是职业性资格的主体，包括预备职业教育证书、双元制职业教育证书、全日制职业学校证书、行业性职业资格、"师傅"资格等。

法国正在缓慢对接欧洲资格框架。法国是欧洲最早确立资格框架的国家，早在1969年就由职业教育与社会进步常设组提出了五个层次的职业资格证明框架。法语把通称的"资格框架"对应为"职业证书（证明）框架"，因为资格不可能组成框架，而应该是职业资格的认证构成框架的意义。欧洲框架与法国传统框架相比，从法国传统五个等级层次增加了两个等级，即第1和第2等级。法国的第Ⅰ级被欧洲框架分级为第7级和第8级。法国2019年开始实施与"欧洲资格框架"的对接。

在所授资格被纳入国家资格框架的过程中，法国非正规教育和私立教育也得到发展。各级各类资格在被纳入国家资格框架时，必须达到基本的质量要求并通过一定时间的考察审核。这种资格审核机制驱使非正规教育机构和私立办学机构基于国家资格框架的资格等级要求和员工能力发展需要，改进教育和培训的方法和内容，从而实现教育和培训质量的提升。除了提升质量，非正规教育和私立办学机构也借助国家资格框架增强了吸引力。国家资格框架为各级各类资格的比对和互认提供了平台，使非正规教育和私立办学机构所授予的资格可以与其他正规教育和培训系统所授予的资格实现等值互认。这就为参与非正规学习的学习者提供了更多转学和升学机会，从而增强了人们接受非正规教育和培训的意愿。

2. 密切教育和培训联系

在国家资格框架的统一标准下，德国教育当局根据实际需要制订了更为详细的地方标准，以指导教育和培训子系统的资格管理工作。德国和法国都与欧洲框架划分的能力结构相一致，即分成"专业能力"和"个人能力"，在"专业能力"之下是"知识"和"技能"两个维度，在"个人能力"之下，德国细分为"社会能力"和"自主性"两个维度，亦即谓多了一个维度。有关专业能力的两个维度两国基本一致，德国增加了个人能力下的自主性维度的描述。例如，等同于学士学位的第6级的德国资格等级标准描述中指出，个人能力项下的"社会能力"指"在专家团队、领导团队或组织中承担责任；指导他人的技术发展，按照预期方式解决团队内的问题；向专家展示对复杂专业问题的看法及解决方案，与专家合作推动工作进一步发展"。而个人能力项下的"自主性"指"制定、反思和评价学习目标与工作过程，自主并持续地组织学习和工作过程"。

德国规定各级各类教育部门都要参照资格框架设计教育目标以及开发新的课程和项目，学习者可通过各种教育途径进入资格框架和获取相关资格，有效搭建了各级各类教育之间的"立交桥"。[1]

　　从法国国家资格框架看，确立与职业资格认证相连的资格等级也是根据与职业活动相关的必要能力的晋级标准进行的。这些能力标准能够帮助评估三方面内容：与职业活动相关的知识的复杂程度，根据工作过程中职业的复杂程度和技术含量确定的技能等级，劳动组织中的责任和独立等级。在培训与就业之间存在着三种"需求"概念，即"操作性的""适应性的"和"专业化的"，综合这三种"需求"概念，法国国家资格框架与欧洲模式在描述的基础上一致，即均以"职业标准"为基础。

　　德国和法国的具有层级指标体系的国家资格框架有利于解决教育领域的分裂问题，密切不同教育和培训系统之间的联系。各级各类资格借助层级指标体系进入国家资格框架，从而实现在同一等级的横向沟通和在不同等级的纵向连接。此外，国家资格框架明确了各级各类资格之间的转换途径。欧洲议会和理事会关于建立《欧洲职业教育学分系统》的建议，要求欧盟成员国"创造必要的条件"，使学分系统"逐步应用"。为此，德国联邦职业教育与培训研究所成立了学分国家协调点，负责与其他国家合作实施职业教育学分的试点项目。2007 年，联邦教育与研究部推出德国职业教育学分体系试点项目，其目的是在保持本国职业教育体系框架"职业原则"和"职业行动能力"的同时，开发新的学分体系和模型，描述、记录、评估、转换和保存德国职业教育系统内的学习成果，简化德国职业教育体系的学分转换程序。2012 年 12 月，德国国家资格框架完成与欧洲资格框架的对接。随后，德国所有签发的新的资格证书、毕业证书和欧洲通行文件都标明国家资格框架和欧洲资格框架级别，增加了资格的可比性，促进了学习者和劳动力的国际流动。

　　法国也在推动学分体系，在欧盟资助下开展第 4 等级的试

---

①　Bundesministeriums für Bildung und Forschung, "Deutscher EQR Referenzierungsbericht", 8 May 2013. http://www.dqr.de/media/content/Deutscher_EQR_Referenzierungsbericht.pdf.

验，但与多数欧洲国家一样推进的主动性不够。为了在高等教育对接职业与理论，法国创设"职业类学士学位"和"职业类硕士学位"，推进了职业教育培训与普通教育地位的平等，在两个隔离体系之间搭建了沟通的桥梁。这些职业学位充分体现了对人生道路的关注，它既可以作为年轻人进入劳动力市场的凭证，也可以为他们继续学业提供平台。

3. 推动管理机构变革

德法两国的国家资格框架发挥了提供交流平台和改革教育机构的双重功能。国家资格框架的建立是为了描述而非改变原有的国家资格体系。然而，发展趋势表明，德法两国的国家资格框架已经逐渐超越原有的增强教育系统透明度、提供交流与合作平台的有限功能，开始对教育政策制定和教育改革实践产生深远影响。发挥交流功能的国家资格框架借助统一的分类标准和等级指标，对各类资格进行等级划分并规定不同等级之间的对应、衔接关系，从而实现由不同教育和培训机构所授予的资格之间的互认、比对和转换。

起到改革作用的国家资格框架推动了教育机构的变革。德国联邦政府和州政府协调组成立于2007年初，是由各州教育和文化事务部、联邦教育和研究部、联邦经济和技术部常设会议和各州经济部长常设会议代表组成的联合工作组，6名代表分别来自普通教育、职业教育、高等教育、欧洲终身学习和事务部以及教育和研究政策部等部门。国家资格框架工作组作为一个咨询机构，对国家框架的实施和发展提出建议，其成员除联邦政府和州协调组的成员外，还包括高等教育机构和职业教育机构的代表、社会合作伙伴以及研究和实践专家等，吸收了广泛的利益相关方参与开发和实施德国国家资格框架。这两个专门机构协同领导框架的开发和实施。

法国1972年创建了技术培训课程证书和学历认证委员会，建立了一个新的职业资格证书和学历证书的认证列表。2002年，认证委员会被国家职业资格委员会所取代，国家职业资格认证框架开始为所有在列的职业资格提供模板。2018年资格委员会又被纳入"法国能力署"。

4. 匹配劳动力与劳动力市场之间的技能供求

国家资格框架所涉及的资格授予机构既包括教育、劳工和经济等政府部门，又包括教育和培训机构、用人单位等社会主体。德法在确立和实施国家资格框架时鼓励各利益相关者通过多种途径参与其中，成立专门的组织机构以确保各利益相关者能够参与国家资格框架的建立和发展。教育和培训部门、社会合作伙伴、用人单位以及研究机构的代表借助国家资格框架工作小组参与确立德国国家资格框架，资格授予机构既包括政府部门，也包括行业协会等培训机构。德国利益相关者有权通过德国国家资格框架协调小组对资格框架的实施过程进行监控和管理。

劳动力市场、教育领域和培训领域等利益相关者之间的合作有利于增强各类资格的透明度和适切性，从而填补劳动力市场和劳动力人口之间的技能供求鸿沟。《国家资格框架的实施和影响：16国研究报告》包括德国和法国，结论表明高失业率背后的原因是重要信息的缺失，该信息用以说明某项资格所代表的知识、能力和技能水平。重要信息的缺失降低了用人单位对教育和培训资格的信任度。用人单位由于不能凭借某项资格对该资格持有者的综合素质有全面的了解，进而无法判断该资格持有者所具备的技能是否与岗位所需相匹配，因此很可能被拒绝雇用。与此同时，用人单位的拒绝雇用行为导致教育和培训机构难以获取有关劳动力市场所需技能的反馈信息，这就进一步加深了劳动力市场和劳动力人口之间的技能供求鸿沟。国家资格框架的建立为用人单位和教育机构提供了专门的交流平台，有利于两者之间互通信息，开展合作。用人单位在参与建立国家资格框架的过程中，一方面加深了对各类资格的认识和了解，另一方面借助资格标准制订向教育和培训机构表达用人需求。教育和培训机构则根据用人单位的具体要求设计各类教育和培训课程。

（三）德法国家资格框架的差异

1. 德国双元制模式主导其职业教育资格

德国实行联邦制政治体制，州政府对除了企业内职业教育外的所有教育事务负责。行会等社会组织在德国职业教育体制中扮演明确且重要的角色，他们参与制定培训课程或组织最终的考核。在德国建立的这种职业教育领域的社会合作伙伴关系以及中央政府权力的局限性与法国高度的中央集权制形成了鲜明的对比。

对于德国的高中生来说，参加双元制的学徒培训是获得正式的非理论类职业从业资格的一个重要途径。有近一半适龄学生会接受职业教育培训，上百万学生在全国 330 个经认可的职业类别岗位上受训。双元制在德国职业教育体制中占有主导地位，几乎德国所有的行业部门中都有双元制培训。

受文化传统的影响，德国双元制相对稳定，制度化、教学系统化、标准化、考核机制以及其独特的学习文化使企业在职工技能开发中能够发挥重要的作用。双元制具有的强烈的培训导向和劳动力市场导向的特点使其在招生人数和毕业人数两方面均具优势。然而，企业对未来技术工人的需求不确定性增大，企业认为学校的毕业生并没有做好接受学徒培训的准备，这导致培训岗位缩减，年轻人不得不寻找其他的培训途径。另外，培训市场的地区和职业不平衡进一步加剧了这一问题。德国参与双元制职业教育的人数近年来有所减少，越来越多的学生转向高等教育以及全日制职业学校，这一趋势在未来还将进一步延续。

职业教育体制内的不同形式、不同类型教育与培训之间缺乏必要有效衔接。德国联邦政府于 2005 年修订了《联邦职业培训法》，以实现德国职业教育的多样化、现代化和国家化。双元制的改革主要体现在课程领域，其特点是在职业学校课程中引进

"学习领域"概念，取代传统的学科课程模式，使职业学校的教学更加现实，更贴近劳动过程。学习领域课程模式的引用必然要求各个教育职业重新制订或修订教育计划，将模块化课程（包括必修模块和选修模块）作为教学单元，并使其与能力本位、职业导向的培训理念相融合。德国职业教育研究界认为德国的职业教育体制应该更加灵活，但与此同时，参与职业教育的许多利益群体，如工会、行业协会等，依然坚持认为双元制是技能开发的最主要也是最有效的途径。尽管修订了《联邦职业培训法》，欧洲资格框架和德国国家资格框架的实施使德国依然面临严峻的挑战和一些亟待解决的问题：第一，职业教育与高等教育之间缺乏连接；第二，职业教育体制内的不同层次职业教育之间缺乏有效的衔接；第三，职业教育内部的技能水平和培训期限缺乏明确的区分，无法真正满足学生以及弱势年轻人的特殊需求；第四，非正规或非正式学习与正规的职业教育之间的关系不明确，没有相互认证机制。

德国高等教育的入学途径有限，没有从双元制到综合大学或理工学院的直接升学途径。学生需要通过一些迂回的途径才能继续接受高等教育。只有两类学校，即职业和技术中学（专科学校）以及职业学院，提供从职业学校（包括全日制职业学校和非全日制职业学校）到高等教育的升学教育。职业和技术中学的毕业生可以获得高等教育资格证书，职业学院的毕业生可以获得理工学院入学资格以及所谓的"助理职业资格"。这意味着只有职业学院的学生可以获得与职业相关联的混合资格。

德国的职业教育正在积极跟上欧洲整体改革的步伐。联邦教育与研究部以及德国文教部长联席会议对德国国家资格框架开展讨论。联席会议建议，在不同培训地点进行的、具有不同培训期限的所有类型的职业教育都应该统一到一个全国培训模块体系中。尽管如此，德国职业教育体制内部以及中等教育和高等教育之间的连接途径的建立还需要很长的时间。正如我们所知，德国国家资格框架包括八个等级，涵盖了普通教育、职业教育、继续培训和高等教育。尽管各州的情况有所不同，但高等教育的入学资格主要还是通过接受普通教育才能获得。除了一些全日制职业学校提供理工学院的入学资格或普通高等教育的入学资格外，在双元制和高等教育之间没有可靠的连接桥梁。

2. 法国学校本位职业教育与政府主导资格框架

法国职业教育的主要特点是学校本位，中央政府在整个教育体制中发挥重要的管理职能。而与德国职业教育和教育体制中的其他教育类型的相对独立发展的状况相比，法国各种类型教育之间的关系更为紧密，这一特点是有深刻历史积淀的。法国大革命废除了职业行会制度。相对于欧洲其他国家而言，法国是对传统的职业教育模式打击破坏最大的国家。同样受拿破仑时期开始的精英教育理念的影响，法国不同类型的中学考试具有不同的价值。因此，在法国这样一个具有高度等级性、高度理论和精英教育体制框架中，学徒制或职前职业教育是最薄弱的一个环节。

学校本位的职业教育使法国的学校职业教育与普通教育或高等教育一样被涵盖在其整个学校教育体制中，但是法国的学徒制被隔离在学校教育体制之外。尽管法国学徒制培训的组织与德国双元制基本相似，但从招生数量上看，其重要性远远落后于全日制职业学校。法国教育以学业成绩为主，学徒攻读的证书也主要是由国民教育部颁发的全国性证书，如职业能力证书、职业高中会考证书等。1985年，法国在学校本位的职业教育体制中建立职业高中会考证书制度，它不仅是一种职业资格，也是接受高等教育的资格。法国原国家资格框架包括五个层级，涵盖从义务教育结束之后一直到大学教育的硕士等级，例如硕士学位课程和资格。"Bac+5"指通过职业高中会考，获得大学入学资格后进行5年的专业学习，可以获得相当于传统国家资格框架体系中第Ⅳ层级的资格证书。职业能力证书和职业学习证书属于法国国家资格框架中的初中后职业资格。从渠道来说，职业高中会考把中等教育和高等教育连接起来。因此，从制度上看，与德国把职业教育重心置于学徒制教育和就业方面不同，法国的职业教育体制更多的是为了教育民主，让更多人接受更高层次的教育，不仅为就业设立证书，而且为升学提供更多机会。

法国的职业教育体制具有等级性，它深深地扎根于重视普通教育的传统理念中。学徒制教育作为法国职业教育体制中质量和地位都不高的一种教育类型，不是其教育体制中的重要组成部分。同时，法国的劳动力市场运作方式与德国有很大的区别，法国企业以及许多公共机构遵循着这种由政府通过学校教育而复制的层级资格制度。

（四）德法职业教育管理体系的差异

德国的职业教育管理体系是以联邦政府与州政府的协作形式设计。联邦教育与研究部在各州设有协调点，它们与州文教部协调推行职业资格机制，亦即谓以教育部门为主设定教育体系的学历证书和职业资格。经济部和劳动部在这一过程中居次要地位。而联邦职业教育与培训研究所则负有制定相关概念和教材的使命，为企业培训者提供指导和培训。[1] 种种措施确保了培训证书的价值。因此，行业协会在学历证书和职业资格开发中参与较深。德国的国家资格框架向欧洲资格框架靠拢，改进本国体系，尽可能与欧洲框架接轨，以进行与欧洲其他国家的对接，增进本国人员在欧洲的就业流动性。

法国的职业教育管理体系比较清晰。从纵向看，学校体系主要是由教育部统筹管理，分为中央、学区、学校三个层面，自上而下，管理机制完备。教育行政部门组织制定相关职业资格证书和学历证书的总体框架，制定相应的考试规定，颁发相应的证

---

① GIZ, *The role and skills development of in-company trainers in development cooperation*, Bonn, April 2017. https://sea-vet.net/images/seb/e-library/doc_file/320/the-role-and-skills-development-of-in-company-trainers-in-development-cooperation-2017.pdf.

书，为在校学生和企业学徒提供一系列相适应的课程，负责教师招聘和工资发放，负责相关培训的质量把关，对教学后果与资源的使用承担责任等等。从横向看，职业培训与就业政策由劳动部统筹管理，2019 年成立的"法国能力署"由劳动部管辖的四个机构合并而成。而教育、科研则属于教育部和高教部的职权范围。职责分工较为明确，基本不存在职能交叉、职责遗漏等现象。

在资格认证方面，"法国能力署"管辖下的国家职业资格证书委员会的组成结构中，劳动部、教育部及高教部均是主要成员。该委员会制定国家职业资格证书目录，为职业教育课程设置及职业教育质量标准的制订和职业教育发展提供有力的导向作用。该目录的网络平台由劳动部负责管理。职业资格证书委员会既不受制于教育部，也不受制于劳动部，这样的组织安排不仅确保了国家职业资格制定的统一性、科学性和合理性，也有利于协调职业教育和就业培训之间的关系，避免了因与某个部门利益相冲突而使职业资格证书的含金量"缩水"。

在终身教育管理方面，2004 年成立的法国国家终身职业教育理事会负责在国家层面上促进与职业教育相关的各部门之间的合作；在法律和制度建设方面，为法国终身职业教育和学徒制提供建议；评估地方职业教育和学徒制教育政策；为议会提供终身职业教育和学徒制教育的财务资源利用等情况。它的设立为法国公民的终身学习与发展提供了有力保障。

在地区一级管理方面，法国本土的 13 个大区根据经济社会特点制定相适应的政策。法国学区层面的职业教育管理机构包括学区委员会、地区就业和职业教育协调委员会。此外，一些社会组织也构成了法国职业教育管理体系的一部分，比如专业咨询委员会，负责学位、技术与职业资格的建立；国家教学委员会，负责高等职业教育的学位设立；职业教育国家联合委员会，负责职业教育的平稳发展以及使职业教育各有关方面达成一致意见；国家就业联合委员会；职业生涯保障联合基金；等等。

八、专业教育和通识教育分量各异

如上所述，德国双元制职业教育的文化及理论课课时仅占全部课时的三分之一，多数时间是学徒在单一的培训企业中学习专业实践课，而无论是文化及理论课还是专业实践课均是在联邦职业教育与培训研究所确立的概念和专业教学大纲的基础上开展的，目前共有 330 个职业科目。一个学徒用两年至三年半在学校和单一的企业中学习一个特定职业专业，所学的专业化程度较深。但由于各州情况不一，行业组织的职业资格证书考试和评估各不一样。

相对德国，法国有四分之三的职业中学学生接受全日制职业教育，实习时间较短，每次可以联系不同的企业实习。全日制职业教育更注重通识性教育，坚持通才教育的理念，重视学生普通文化和专业基础课程的学习，培养"既要上手快、也要有后劲"的综合职业技术人才。

面对产业转型和岗位变动，法国尽量避免按某个特定职位培养人才的弊端，在基础课程和专业课程之间寻求平衡。例如，南特大学技术学院数据处理系第一学年为基础课。专业知识占 50%，普通教育占 17%，基础知识占 33%。强化基础课程的学习，一方面可以巩固学生的基础知识，减少因学生来源不同而在学业上形成的差距，使学生获得可持续的发展能力；另一方面，为学生今后从事专业技术工作打下坚实的理论基础。法国全社会的质量和标准意识较高，把统一考试作为保障教育质量的手段之一，职业学校严把教育标准关，淘汰率较高。技术高中的升大学会考合格率仅在 65% 左右，职业高中会考合格率则更低。[1]

---

① 转引自壮国桢：《被冷落的标杆——法国职业教育"渐进式"改革及启示》，载《职业教育论坛》，2016 年第 3 期。

由于所有劳动者须具备职业知识，法国应用知识的传授贯穿整个教育体系，落实至从小学到大学各阶段教学之中，引领"使各种培训普遍化"的国际趋势，实行"为了工作而学习"的职业化学习，以适应劳动市场的多样性和多变性。学校普通教育和学校职业教育在保持各自特点和职能的同时，相互渗透衔接，力求使每个学生得到人生的全面发展，更好地适应社会发展对劳动者提出的新要求。

法国职业高中与学徒培训中心两者构成有益的互补关系。由于前者属于国民教育部管辖，后者由教育部、劳动部、企业、行业、协会等各方管理，两者长期以来处于独立发展态势，近年来进入并行的发展状态。职业高中传授更多宽泛综合的知识和能力，使学生在未来就业上有更多的选择和机会；而学徒制教育使学生攻读职业资格证书或学历证书的同时对一个机构或企业的专门知识有所掌握，一旦被企业接受，则为其正式受聘打下基础。雇主对学校职业教育的批评主要是毕业生与市场需求存在差距，但并不否认法国培养"专业通识"在市场就业能力和工作创造力的优势。

此外，法国社会有一种看法：人生丰富多彩，不应将一个人过早或过窄地限定在一种专门职业上，要给予学生职业通识，特别是培养"适应"各种相关职业的能力，扩大学生创新所需的信息量和全面分析能力，丰富和提升人生综合价值，而非"机械"能力。[①]

由于法国工人在社会上的地位没有得到充分承认，法国家庭和教育工作者均认为，进入普通学校升学可以更好地改善社会和经济地位，接受职业教育是因学习成绩差，接受学徒制更是因为

---

① Toubal Louisa，Bidet-Mayer Thibaut，"Formation professionnelle et industrie：le regard des acteurs de terrain"，*la Fabrique de l'industrie*，le 17/09/2014. https：//www.la-fabrique.fr/fr/publication/formation-professionnelle-et-industrie-le-regard-des-acteurs-de-terrain-2/.

不适应文化理论课教育。法国学徒制为来自社会下层家庭希望尽快进入社会的青年提供了捷径。学徒往往没有理论学习天赋，通过企业实际知识的学习能尽快地找到自己喜爱的工作，法国建筑行业学徒制的成功证明了这一点。

九、经费投入渠道不同

职业教育经费筹措渠道主要包括政府拨款、学生补偿成本、发行教育券、企业对职业教育投资、社会捐赠五种方式。中等职业教育是职业教育的主体，在免费义务教育范围之外，职业教育的重要特征是社会联系紧密，到底职业教育的经费主渠道应是公共还是企业或个人，特别是在大学生承担的学费有所增加的背景下，政府是如何处理职业教育经费的。目前，在欧洲大陆国家，特别是在德国和法国，职业教育仍然是公共产品，无论中等教育一级，还是高等教育一级，经费由国家负担，国家按照正常预算拨款。德法两国职业教育均是国家教育体系的重要组成部分。政府是办学主体，政府的财政拨款为包括职业教育在内的所有教育的良性发展提供了保障。

但是，职业教育的企业实习、企业合同培训和为就业做准备的特性使企业投入成为现实。在德国，双元制职业教育重要一元的企业对职业教育投入较多。企业投资起到关键性的配合作用，使职业教育综合财政投入得到保障。承担文化理论课教学的学校多为公立，经费由公共机构负担。在企业进行的实践课教育经费则由企业直接负担。企业是双元制职业教育体系中主要的资金供给者。州政府负责文化和专业理论课的公立学校教职工的工资等人事经费，地方行政机构负责学校校舍建设和设备维护、日常管理等的费用。地方办学机构可以获得政府给予的资助。行业协会作为职业教育中职业教育的"主要领导"，也接受政府对其资金资助。企业对职业教育的支持主要包括直接资助和集资资助两种形式。企业直接资助是"双元制"职业教育经费的主要来源。大型企业建立培训中心，负担培训设施、器材等费用，还支付学徒工在整个培训期间的津贴和实训教师的工资等。而小型企业如手工艺企业的学徒需到跨企业的培训中心培训。所以，小型企业除支付实训教师的工资和学徒的津贴外，还须支付跨企业培训费用。

在法国，职业教育也实行两轨并行制度，可以在正规学校接受全日制教育，也可以在学徒培训中心和企业接受交替式教育，与德国双元制本质相同。一方面是由教育部门举办的职业学校（学校系统内的中等职业教育），另一方面是学徒培训中心和企业。学生可以通过两种类型的职业教育机构获得知识、技能和应用能力。占主导的全日制职业教育经费均由国家负担，但企业要支付学生的实习补贴。学生在企业单位实习虽然不是受薪人员，不享受工资、报酬或补贴，但如果连续实习超过两个月，或者超过 309 个小时，则可领取企业支付的补贴，每小时 3.9 欧元，即最低社会保障标准的 15%。至于学徒制职业教育经费，政府通过对企业的资助和税收来支持企业接收学徒和学徒培训中心开展文化理论教育。法国的双元学徒制教育占比小，学徒培训中心性质多样，举办者有私立、准公立和公立机构，经费来源相对复杂，有的师资可以由国民教育部学校系统提供，大区负责中心的公共资金协调。学徒在学徒培训中心学习免费，在企业学习实践课与德国一样可以获得报酬。与德国部分企业有资格开展培训不同，法国所有企业均可接收学徒；与德国企业独自承担培训费和培训师报酬不同，法国接收学徒的企业有国家对企业的资助和对学徒报酬补贴。接收学徒的企业在税务上可以获得不同程度的减免。学徒培训中心的一部分预算来自所有企业缴纳的占工资总额的 0.68% 的学徒税，这笔预算的拨款额按照签署学徒合同数量而定。

十、职业教育学生规模和家庭背景的差异

（一）接受职业教育的学生比例

地域、受教育程度、文化传统、高等教育普及程度等因素决定着职业教育在某一地方的开展程度。德国近半数高中生就读职业学校。法国五分之二高中生就读职业学校，但大城市比率低于中小城市。根据联合国教科文组织统计所得数据，2017 年中等职业教育学生占高中学生总数的比例，德国为 45.63%，法国为 39.85%。[①]

德国是联邦制，各州相对独立，职业教育传统深厚，人口相对分散。但从职业教育学生数据上看，也能找出一些大城市区域与落后地区之间的细微差异。2015 年，在以首都柏林为中心的地区，职业教育占比仅为 36.6%，在以汉堡为中心的地区为 43%。而在相对落后的布莱梅和萨尔兰州，职业教育占比分别达到 53% 和 51%。

法国是中央集权的行政体系，首都巴黎无疑是各方面的中心，从人口上看，巴黎大区集中了法国全部人口的六分之一。2015 年，法国的高中职普比平均值为 41.5∶58.5，而巴黎大区的职普比则为 33.5∶66.5，法国北部和中部相对落后的地区职普比达到 46∶54。[②]

（二）学生家庭的社会阶层不同

社会分层和学生分化早在 20 世纪 60 年代就被法国学者布尔迪厄和美国学者柯林曼所证实，处于弱势群体环境的人，缺少富

---

① UIS, "Share of all students in upper secondary education enrolled in vocational programmes", *Education statistics*. http: //data.uis.unesco.org/Index.aspx?DataSetCode=edulit_ds.

② 赵长兴，《部分西方国家高中阶段职普比现状分析》，载《中国职业技术教育》，2017 年第 30 期。

裕阶层所拥有的文化资本、政治资本、社会资本和经济资本，这些家庭资本的缺失潜移默化地影响了他们的学业和习惯，进而使他们排斥抽象的理论思维，倾向于形象的操作实践。

职业教育成为不喜欢抽象理论的学生展示自己才华和优势的平台，也成为各国政府力主的社会稳定助推器。德国优质和普惠的职业教育为学生铺设了人生阳光大道，职业教育也是那些想在高中后进入工作岗位的最佳选择，是德国中、低层家庭的选择。接受职业教育的同龄人数达一半，学生没有职业教育低人一等的看法。

从法国对选择职业教育的学生家庭背景研究看出，职业教育确是弱势群体的选择。

近几年来欧洲出现中职学生人数特别是传统学徒制国家的中职学徒人数减少、进入大学深造的人数增加的趋势。德国 2016 年获得大学资格的学生中有 34.41% 是通过职业教育系统进入大学的，比往年有所增加，应用科学大学招收的学生基本都是这类学生，而普通大学中这类学生仅占 16%。[1] 法国近年来职业中学学生比例十分缓慢地下降，2017 年降至 39.85%。[2] 选择高中后继续深造的人数缓慢增加。

---

① 中国驻德国大使馆教育处：《德国 2017 年职业教育报告强调双元制职业教育依然是德国经济发展的支柱》，载《德国教育动态信息》，2017 年第 4 期。

② Ministere de l'education nationale, *Repères et références statistiques sur les enseignements, la formation et la recherche-2016*, DEPP, 2016.

第三章　德国与法国职业教育的特点及比较

结语　德法两国职业教育体系的若干启示

一、营造职业教育的良好社会氛围

（一）提倡多样性人生

受传统观念影响，社会对普通升学教育盲目尊崇，这不利于转变对职业教育的固有观念。面对社会媒体注重精英学府和高端人才成功案例的广告效益，有关宣传工作应顺应大力发展职业教育的国家战略，对职业教育给予正面评价和舆论引导，倡导从事任何职业的青年都能有各自的出彩人生的就业观。诚然，国家发展需要大量科学人才，但高水平职业技术人才的缺失，会导致人才资源的不平衡，不利于产业行业的均衡发展和综合国力的提升。

德国和法国媒体经常报道某青年通过从事自己喜爱的职业而收获幸福的事例。毕业于名校的管理人员经过十年寒窗苦读，进入职场后终身忙碌度过一生；毕业于职校的技术工人早早享受进入社会的乐趣，合理安排职业生涯和业余时间的平衡，度过一生。在人生观和幸福观上，很难对两者厚此薄彼。法国强调个人综合幸福观，根据自己的爱好去构架个人的幸福人生，在追求短暂人生中的多彩的生活和多样化的工作经历中淡化了社会分工和收入的差距。

（二）弥补社会阶层差距

每个人作为社会中的一员都有各自的特点，不同特点的人构成丰富多彩的社会。有利于人与人之间的和谐相处。提升职业教育学生的就业水平，缩小不同行业人群的经济和社会地位差距，保障社会不同阶层的民众都能享有体面生活，有利于社会的和谐。德国的很多企业主往往不炫耀个人的财富，高度重视企业团结和员工凝聚力，把学徒培训和提高学徒工作水平当作企业的要务，建立劳资互信的环境氛围，使学徒安心在一个企业学习和做工，这是双元制职业教育得以有效推行的关键。求同存异成为雇主与工会商谈的主旋律。德国的劳资合作关系有利于弥合阶层差距、缓解阶层矛盾。在阶层平等的社会氛围影响下，德国企业主给技术工人的薪酬和国家公务员相差不太大，一些高级技师收入反而高出公务员收入，这也保障了较小的社会收入差距、有利于各行各业的发展，以及相关行业对应的职业教育的发展。职业教育的和普通教育只是对知识能力的侧重点不同，它们在教育领域各有优势，这为职场中蓝领和白领界限模糊化创造了一个条件。因此社会对职业的认识没有过分明显的高低之分。

（三）推动职业教育规模化政策

衡量"职普比"是否合理，应将是否满足学生生存发展需要和社会对人才的实际需求作为首要标准。只有遵循职业教育规律和技能型人才成长规律，才能真正实现学生学有所长、学有所用、学有所得。在重学历的观念下，如果一味重视普通教育，则会使本已处于劣势的职业教育更加难以吸引学生，使教育无法满足社会对高水平技术工人的需求，影响制造业强国目标的实现。

确保职业教育学生的规模，也就从某种角度维护了对职业教育的认可。欧盟国家多年来中学阶段平均职普比基本保持均衡，丝毫没有轻视中等职业教育，特别是失业率居高不下的情况下，更是把职业教育看成是维系就业和社会稳定的重中之重。德法两国都是综合实力强大的发达国家，但多年来，中等阶段的职业教育一直是其职业教育的主体。职普比一直相对稳定。他们不是通过过度教育，家庭多掏钱、孩子拿高学历来取悦家长的虚荣心，而是通过倡导各尽其才，提高教学质量和培养就业能力，来为青年体面就业、社会稳定、国家竞争力提升做出实在的贡献。德国和法国能够保持职业教育的吸引力，除了各种优惠政策外，还有其规模效益的作用。如果职业教育学龄人口占全部学龄人口的"半壁江山"，则这一半人群不会感到孤单和被边缘化，会有众多的职业教育学生成为从中脱颖而出的优质技术技能人员。正是因为德国有近90%的职业教育学生是双元制学徒、约70%的学徒能够在三年的职业培训后被留下工作，才使这一模式被各国欣赏和效仿。

二、推行企业高度参与职业教育的办学机制

职业教育的质量在某种程度上决定社会认可。职业教育的质量标准涉及诸多方面，但最核心的实用指标，就是职业教育学生毕业后的就业情况以及用人单位对吸纳职业技术人才的满意程度。如果职业教育培养的学生毕业后只有一小部分能够找到工作，即使是名校和优质专业课程，也不能说明其教育质量高。只有培养企业需要的人，才能保证学生学以致用。企业参与培训，企业办实践课，能够促进理论课和实践课的结合，更好地联通教育与就业，为学生高质量就业以及企业招聘到满意的人才打下基础。因此，制定旨在促进企业高度参与职业教育政策有利于提升职业教育质量，进而促进社会对职业教育的认同。

德国的双元制职业教育中，企业学徒培训在培养学生和促进就业方面起到决定性的作用。德国的企业在占高中阶段学生一半的职业高中学生中挑选自己需要的学生。经过3年的行业实用培

训，学生掌握需要的技能并获得行业职业资格证书，进而成为企业员工。这一机制充分反映了"为了工作而学习"的职业教育核心理念。

德国《联邦职业培训法》规范了企业参与职业教育的行为，明确了参与职业教育的企业承担为职业教育提供资金的责任，为职业教育的开展和发展提供了强有力的保障。德国社会把企业、学徒和职工看成不可分的一体。由于企业有用工的需求，有自费培训和提供学徒报酬的意愿，企业与学徒之间存在高度互信，行会对实践内容、要求、标准和证书的保障，学徒与企业签订合同接受培训并在毕业后被正式雇用成为可能。但德国的模式并不一定完全适合中国的社会文化环境，双元制职业教育能否在中国全面践行，需要具体问题具体分析。

三、协调推进职业资格证书教育和学历证书教育

（一）在学校开展职业资格证书教育

德国和法国的职业教育的证书多是由学校体系颁发。德国全日制学校的学历证书由学校颁发，双元制学校的职业资格证书由行业组织颁发，德国高中阶段职业教育以读取证书为主，对专业证书考试十分看重，对文化和理论课毕业考试并不看重，职业资格证书的获取对求职是重要参考。这些行业组织多是间接与德国经济事务部相关，与联邦就业总署关系不密切。德国是先读职业资格证书教育，少数人有机会攻读升学教育，在个别的全日制职业技术文理学校，学生可以读取学校颁发的学历证书和专业证书两种证书。在高等职业教育阶段，主要由应用科学大学颁发的3年制学士学位。在法国，选择职业资格证书教育或学历证书教育这两种不同教育的学生也是分别同时独立接受各自的教育系统，职业资格证书教育一般为2年制，学历证书教育一般为3年制。法国的职业资格证书和学历证书，均由教育行政部门颁发，职业

资格证书为 2 年制的高级技师证书，学历证书为 2 年制的大学技术学历证书，想继续深造的可以攻读职业类学士学位，甚至职业类硕士学位。

法国的职业资格证书多为教育部门制定的证书。从在法国劳动部平台上的《国家职业资格证书目录》可以看出来，教育体系的学历、证书和称号等，除了普通教育类的高中会考证书因为职业性不强没有被列入，其他的均被法定登记列入。绝大多数是教育部门提交的证书，一些政府部门如农业部、卫生部、劳动部等也有部分证书列入。另外一些非政府机构主导的证书需要职业资格证书委员会考核筛选列入专门清单。

（二）对职业资格证书教育和学历证书教育的自由选择

德国与法国的职业证书都是权威机构颁发，而且职业资格证书种类有限，涉及的专业较为宽泛，便于拓宽相关就业范围。德国的学徒制无论在经费还是在证书和培训主体上都符合学徒制教育服务于实践训练和就业的理念。企业承担培训经费，行业协会颁发证书，行业协会有强大的培训资源，可以确保证书的含金量和就业导向性。德国全日制职业教育有 160 多种职业资格证书，双元制职业教育有 330 种职业资格证书，证书根据各类职业的能力要求设计；学校只是为配合获取职业资格证书的培训来教授文化和专业理论课。法国的全日制和学徒制职业教育都有明确的职业资格证书和学历证书的规定，基本都由教育行政部门管辖，劳动行政部门只拥有很小一部分职业资格证书。全日制的职业资格证书和学历证书由学校全权负责，在企业的实习培训也是围绕着在校所学专业进行；学徒制的职业资格证书和学历证书由学徒培训中心这类学校负责。法国的职业资格证书考试是全国性的，中等职业学校有 200 种职业资格证书和近 90 种的专业学历证书，高等职业学校有 122 种"高级技师证书"和 24 种"大学技术学历证书"。

四、发展学徒制职业教育模式

学徒制虽然会打破教育、人事、企业的现有体系，但它是加强学校教育与企业需求相结合的最有效手段。德国高中有近一半学生接受学徒制，法国高中有十分之一的学生接受学徒制。政府可加快推进学徒制，借鉴德法有益经验，通过立法和制定相应鼓励措施，对企业进行针对性地投入，引导企业聘用学徒，争取在几年内将各阶段的职业教育的学徒人数适度提升。我国有1万多所中职学校和数千所高职院校，可以试点逐步将一小部分转变成负责管理学生并传授文化和理论课的学校，鼓励愿意更早进入职场的学生改变成真正的学徒身份，成为企业的准雇员，扎根企业，毕业后转成企业正式员工。

欧盟建议其各成员国学习德国的双元制职业教育模式，也就是行会主导企业培训和职业资格证书的模式。德国政府一直以来致力于提升学徒制吸引力和社会接受度，对职业教育采取一系列激励举措，一方面通过颁布新的《联邦职业培训法》，允许全日制职业学校学生参加行会的职业考试，获得进入劳动市场的准入资格；另一方面，政府通过必要的资助，组织不能承担全过程岗位培训的企业组成培训企业联盟，让它们为不能继续升学的年轻人提供必要的职前培训，并建立健全的财政补偿政策，让不提供职业教育岗位的企业承担一定比例的职业教育成本费用。法国和英国均定下扩大学徒数量的宏大目标。

五、创新机制加强师资队伍建设

发展职业教育的核心是教师的数量和理论与实践质量，必须在扩大数量和提升质量上下功夫。德国职业学校的文化和理论课教师是公务员身份，法国职业学校的文化和理论课以及技术课教

结语　德法两国职业教育体系的若干启示

师都是公务员。这些正式教师入职前经过严格的理论课考试并拥有实践经历，文化、专业理论、技术实践课程各有不同的教师承担。但是，德国职业学校的实践课教师并非公务员，招聘具有一定的灵活性；法国学徒培训中心无论是理论课还是实践课教师多数非公务员，招聘有自主权。德国职业学校的教师除了要经过大学学习、两年见习期以及两次国家考试外，大多数都有在企业担任工程师、技术员的经历，这就保证了德国职业教育师资不仅专业理论深厚，而且具有很强的实践经验。同时，企业提供了具有高级技能资格的师傅担任实践教学的指导教师。法国职业教育老师要参加全国统一考试，而且考试名称和标准要求都是职业学校类专门的教师资格考试，设定多少职位名额，就选拔多少人，教师职前要去职场见习，最后成为正式教师。

六、职业资格证书制度的完善

职业教育的文化理论学习与技术技能培训是一个教学整体，相应的学历证书与职业资格证书也应是一个整体，两者均具备职业特点，均应被视为就业证书。现代职业教育体系需要有一个统一的国家资格框架支撑，实现各类各种证书所代表的资格的等值、互认，以及沟通和衔接。为了解决两证统一的问题，法国的做法是建立《国家职业资格证书目录》，这一目录收录的绝大部分职业资格证书是教育行政部门管辖的各类证书和称号，少部分是农业部、文化部、卫生部等其他政府部门和负责青年再培训的劳动部管辖的证书；社会颁发的职业资格证书经过审核列入一个职业资格的专门清单。借鉴法国对这一机制的运作经验，我们可以设置跨政府部门的"国家职业资格证书委员会"，由建立专门的国家职业资格证书目录，法定纳入教育部门及其他部门颁发的各类学历证书及职业资格证书，涵盖职业教育、普通教育、技术培训等各类教育，这类证书在通过相关程序后由相关机构颁发。

同时，也设置一个专门清单，经专业委员会审核批准，纳入行业、企业或社会教育与培训机构颁发的各类职业教育证书，一般为针对特定的行业或企业的、专业性强的职业资格证书，或技能等级证书。这些机制性步骤的实现能够为创建统一国家资格框架奠定基础。

综上，职业教育牵系广大家庭，虽然它也具有社会化分层功能，但相比其他教育，它更能顺应社会需求，促进就业。此外，在扩大接受职业教育机会和提升职业教育水平的过程中，职业教育起到减少失业贫困和社会不公平的作用。从德国和法国的职业教育制度和经验成果可以看到，职业教育与升学教育并行，职业教育虽然在以学习知识方面逊于升学教育，但因其优质的技能和实践教学，也是青年通往高质量就业和幸福生活的可靠途径。随着信息化、自动化时代的到来，我国职业技术教育和职教学生的就业问题将是教育发展、社会发展的重要一环。职业教育的现代化发展势必给家长和学生带来新的希望，不论是在德国法国还是中国，职业教育无疑会成为越来越多人的合理选择。

附录一 德国和法国优质职业学校专业及排名

职业教育机构在就业方面具有普通教育所没有的优势。德国和法国的优质职业教育吸引了大量国内外学生。从德法两国中等和高等教育阶段的优质职业教育机构和专业的排名情况可以看出各自的特点。

一、职业类中等教育

德法两国中等职业教育学制不同，以双元制模式为主的德国学制与以全日制＋学徒制交替模式的法国学制差异较大，在优质专业和排名上难以比较。

德国双元制职业教育中传授文化和专业理论课的学校教育的文凭不如职业证书含金量高，没有最终考试，且各州情况不一，各州的行业职业证书培训和考试不一，无法对学校排名，但可以了解到参与双元制培训的公司排名。德国管理与经济研究所受"德国测试"组织和德国《焦点财富》周刊委托，每年对两万家培训公司在培训成就、结构性数据、培训配额、培训报酬和附加优惠条件几个方面情况，确定100多个行业的1 000家培训公司排名。[①]

---

① Deutschland Test, *Die Besten ausbildungsbetriebe*, 2020. http://www.deutschlandtest. de/de/wp-content/uploads/DT-2020-Ausbildung.pdf.

法国的全日制职业高中则有排名，学生毕业时要参加全国统考，根据分数即可确立排名。2020 年，法国排名前 10 的职业高中[①]由高到低如下：勒 – 色拉尔镇的勒 – 色拉尔职业高中、福尔巴赫镇的圣约瑟夫 – 上帝私立职业高中、莱克图尔镇的拉纳元帅高中、蒂维耶尔镇的阿基坦门职业高中、贝罗尼镇的圣心私立职业高中、贝桑松市的圣约瑟夫私立职业高中、圣皮耶尔镇的维克多 – 阿尼塞高中、阿瓦隆镇的圣女贞德私立职业高中、杜瓦讷内镇的圣伊丽莎白私立职业高中、罗摩 – 奥德曼镇的皮耶尔 – 德 – 顾拜旦体育高中。

二、职业类高等教育

德法两国以职业导向的高等教育的共同特点是技术含量较高，两国职业类高等教育机构因结构不同导致可比性不高。如前所述，德国职业性质较强的高等教育机构主要是指三年制应用科学大学，而法国的这类机构主要是两年制大专，如技术类高中内设立的"高级技师证书"教育，大学内设立的"大学技术学历证书"教育，当然，法国还专门有职业类学士教育和硕士教育，但职业类学生能攻读此类高级文凭的人数较少。

从德国职业导向强的应用科学大学看，根据德国《经济周刊》2016 年就各应用大学文凭教育适应市场需求的情况对 540 家大中小实业企业人力资源负责人进行调查的结果，德国较为热门的专业主要集中在商务类、计算机、电力工程和机械工程等领域，各专业排名前 10 位的学校如下。

1. 商务管理与工程专业前 10 位的应用科学大学为：卡尔斯鲁厄应用科学大学、慕尼黑应用科学大学、柏林技术与经济应用科学大学、罗伊特林根应用科学大学、达姆施塔特应用科学大

---

① L'Etudiant，*Classement des meilleurs lycées 2020*. https://www.letudiant.fr/palmares/classement–des–lycees–professionnels.html.

附录一　德国和法国优质职业学校专业及排名

学、埃斯林根应用科学大学、普尔茨海姆应用科学大学、德累斯顿技术与经济应用科学大学、康斯坦茨应用科学大学、海尔布隆应用科学大学。

2. 计算机专业前 10 位的应用科学大学为：慕尼黑应用科学大学、卡尔斯鲁厄应用科学大学、德累斯顿技术与经济应用科学大学、亚琛应用科学大学、达姆施塔特应用科学大学、柏林技术与经济应用科学大学、斯图加特应用科学大学、富特旺根应用科学大学、科隆应用科学大学、多特蒙德应用科学大学。

3. 商务信息系统专业前 10 位的应用科学大学为：慕尼黑应用科学大学、卡尔斯鲁厄应用科学大学、罗伊特林根应用科学大学、柏林技术与经济应用科学大学、科隆应用科学大学、普尔茨海姆应用科学大学、波恩－莱茵－齐格应用科学大学、德累斯顿应用科学大学、拉芬斯堡－魏恩加腾应用科学大学、柏林经济与法律应用科学大学。

4. 电力工程专业前 10 位的应用科学大学为：慕尼黑应用科学大学、亚琛应用科学大学、德累斯顿应用科学大学、卡尔斯鲁厄应用科学大学、科隆应用科学大学、莱比锡应用科学大学、普尔茨海姆应用科学大学、汉堡应用科学大学、多特蒙德应用科学大学、达姆施塔特应用科学大学。

5. 机械工程专业前 10 位的应用科学大学为：慕尼黑应用科学大学、亚琛应用科学大学、埃斯林根应用科学大学、柏林技术与经济应用科学大学、卡尔斯鲁厄应用科学大学、汉堡应用科学大学、达姆施塔特应用科学大学、科隆应用科学大学、罗伊特林根应用科学大学、莱比锡应用科学大学。

6. 商务经济学专业前 10 位的应用科学大学为：罗伊特林根应用科学大学、普尔茨海姆应用科学大学、科隆应用科学大学、慕尼黑应用科学大学、柏林技术与经济应用科学大学、科隆商学院、慕尼黑商学院、威斯巴登应用科学大学、努廷根－盖斯林根应用科学大学、康斯坦茨应用科学大学。[①]

法国的"高级技师证书"教育一般是2年学制，专业门类有上百种，学生报考服务性专业的较多，集中在旅游、商业服务、商业管理、房地产、社会事务等专业，而雇主最需求的专业主要为工业机械与自动化、商务、保险、财会与管理、维护、电子技术、商业部门管理、客户关系与谈判、银行、建筑等。2020年，法国的"高级技师证书"教育热门专业和排名前10位的学校如下。

1. 旅游专业前10位的学校为：万格勒镇的伏尔泰高中、马赛市的查尔斯·佩吉高中、康布雷市的费奈隆高中、里昂市科尔伯特高中、南特市的南特商业学校、圣马洛市的圣马洛天命机构、奥尔良市的圣十字圣欧维尔特机构、图卢兹市旅游酒店多功能高中、欧什市的帕尔代朗高中、邦迪维市的圣女贞德圣伊维高中。

2. 旅游酒店专业前10位的学校为：圣玛格丽特学徒培训中心、巴黎市的斯特芬森学徒培训中心、卡斯台尔诺－勒－内镇的蒙彼利埃高等旅游学校、圣马洛天命机构、努美阿市的拉贝鲁斯高中、欧什市的帕尔代朗高中、普罗万市的优太克学徒培训中心、诺让市国家应用与培训研究所基金会培训中心、多勒市的查尔斯·诺迪耶高中、里昂市的科尔伯特高中。

3. 谈判与顾客关系数字化专业前10位的学校为：阿诺奈镇的圣德尼斯多功能私立高中、泰尔努阿兹河右岸圣保尔镇的阿尔伯特·夏特勒高中、鲁阿内镇的阿尔伯特·托马斯高中、阿维尼翁市的西奥多·欧巴奈尔高中、第戎市的蒙沙佩高中、里昂市的圣路易－圣布鲁诺高中、巴黎的查尔斯·德·富科特私立高中、库坦塞斯市的查尔斯·弗朗索瓦·勒布朗高中、莱萨维

① WirtschaftsWoche, "HsKA's position in recent national rankings", *Karlsruhe University of Applied Sciences (HsKA)*, 25 October 2016. https://www.hs-karlsruhe.de/en/prospective-students/rankings/.

附录一　德国和法国优质职业学校专业及排名

龙的安托万·德·圣埃克托苏佩里高中、马赛的爱马仕培训学校。

4. 操作性商务管理专业前 10 位的学校为：瑟松－赛维涅市的弗里德里克·奥扎南职业教育高中、巴黎的雅卡尔高中、巴尔马镇的萨利埃热普通和技术高中、蒂艾市的纪尧姆·阿波利奈尔高中、科伦克镇的波瓦福勒里私立高中、布尔日市的圣玛丽亚－圣多米尼克私立高中、巴黎的 17 区国立商业学校、巴黎的让·吕尔萨多功能高中、斯特拉斯堡的圣科罗蒂尔德私立高中、蒙彼利埃市的讷韦尔私立高中。

5. 社会和卫生部门服务专业前 10 位的学校为：通布莱纳镇的阿图尔·瓦洛科高中、埃克斯－普罗旺斯的埃米尔·左拉高中、尼斯市的奥诺雷·德斯汀·道弗斯高中、内维尔市的圣母学习中心、奥尔良的伏尔泰高中、丰特耐－勒－孔特镇的圣母多功能高中、派尔特镇的圣母高中、维尔镇的玛丽·居里高中、鲁昂市的天命圣特雷丝私立高中、南锡市的查尔斯·德·富科特高中。

6. 房地产专业前 10 位的学校为：里昂市的安培高中、图尔市的格兰芒特高中、蒙鲁日市莫里斯·热内瓦高中、梅里尼亚克市的费尔南·达古安高中、屈尼奥镇的亨利·马蒂斯普通和技术高中、沃－勒－佩尼尔镇的西蒙·西涅莱多功能高中、瓦尔塞林北岸贝勒伽尔德镇的圣埃克托苏佩里高中、莫市的亨利·穆瓦桑高中、南锡市的乔治·德·拉·图尔高中、莱萨布勒－多洛讷市的圣玛丽－杜－泡尔多功能高中。

7. 验光配镜专业前 10 位的学校为：维尔镇的玛丽·居里高中、布卢瓦市的卡米尔·克罗代尔高中、昂热市的西部光学高等学校、勒米伊镇的瓦勒·达尔让高中、佩皮尼昂市的内奥苏伯私立高中、斯特拉斯堡市的奥尔特私立高中、瓦勒－德－诃伊镇的马克·布洛赫高中、屈赛镇的瓦莱利·拉尔博高中、格勒诺布尔市的安德烈·阿尔古日多功能高中、马赛市的马赛之星校园科学学院。

8. 为组织提供信息服务专业前10位的学校为：贝桑松市的路易·裴高德高中、里昂市的伊科夫高中、法兰西堡市马提尼克大众教育协会高中、梅斯市罗伯特·舒曼高中、图卢兹市的黎美哈克社会与技术私立技术高中、埃唐普市的若弗鲁瓦–圣希莱尔高中、卡昂市的圣乌尔苏勒高中、阿雅克肖市的莱提西娅·波拿巴高中、佩皮尼昂市的让·吕尔萨高中、塞里尼昂市的马克·布鲁赫高中。

在法国的大学技术学院攻读2年制"大学技术文凭"的专业则既有服务性专业也有技术性专业，对学生吸引力较强的专业包括通信、生物工程、信息学、土木工程等，这与德国应用科学大学的热门专业有相似点。

2020年，法国的大学技术学院24个专业以及每个专业排名前3的所属大学如下。

1. 信息通信专业：克莱蒙·奥弗涅大学、巴黎笛卡尔大学、里昂第三大学。2. 社会事务专业：巴黎笛卡尔大学、尼斯大学、图尔大学。3. 卫生、安全与环境专业：普瓦捷大学、利摩日大学、巴黎北索尔邦大学。4. 生物工程专业：阿维尼翁大学、克莱蒙·奥弗涅大学、巴黎东克雷泰伊大学。5. 信息学：巴黎笛卡尔大学、巴黎北索尔邦大学、利摩日大学。6. 决策信息学与统计专业：巴黎笛卡尔大学、里昂第二大学、诺曼底卡昂大学。7. 法律事务专业：巴黎笛卡尔大学、里昂第二大学、诺曼底卡昂大学。8. 土木工程专业：利摩日大学、奥尔良大学、拉罗谢尔大学。9. 网络与多媒体专业：利摩日大学、诺曼底卡昂大学、勒芒大学。10. 商业化技术专业：巴黎笛卡尔大学、巴黎北索尔邦大学、里昂第一大学。11. 运输与后勤管理：塞吉·蓬图瓦兹大学、诺曼底卡昂大学、克莱蒙·奥弗涅大学。12. 化学：克莱蒙·奥弗涅大学、普瓦捷大学、巴黎东克雷泰伊大学。13. 化学工程：凡尔赛大学、里昂第一大学、南特大学。14. 工业信息与电力工程：巴黎南大学、巴黎北索尔邦大学、利摩日大学。15. 工业工程与维护：巴黎北大学、利摩日大学、巴黎第八大学。16. 生产与机械工程：巴黎南大学、巴黎北索尔邦大学、兰斯大学。17. 热能工程与能源：普瓦捷大学、克莱蒙·奥弗涅大学、奥尔良大学。18. 商业与行政管理：里昂第三大学、波尔多大学、勃艮第大学。19. 行政部门与商业管理：巴黎笛卡尔大学、巴黎北索尔邦大学、巴黎南昌米尔大学。20. 物理测量：巴黎狄德罗大学、巴黎北索尔邦大学、奥尔良大学。21. 打包、包装与储藏：阿维尼翁大学、勃朗峰萨瓦大学、诺曼底鲁昂大学。22. 质量、工业后勤与组织：诺曼底卡昂大学、巴黎第八大学、里昂第二大学。23. 网络与电信：巴黎北索尔邦大学、拉罗谢尔大学、让·莫奈大学。24. 材料工程与科学：勃艮第大学、勃朗峰萨瓦大学、巴黎北索尔邦大学。

法国排名前 10 位的大学技术学院所在的大学为：巴黎狄德罗大学、巴黎笛卡尔大学、蒙彼利埃第三大学、昂热大学、里昂第二大学、拉罗谢尔大学、普瓦捷大学、勒芒大学、阿维尼翁大学、巴黎第八大学。[①]

---

① Lecompte Boinet Guillaume, Petitdemange Amélie, Ayache Lola, "Le classement 2020 des meilleurs IUT de France", *L'Etudiant*, le 29 mai 2020. https://www.letudiant.fr/etudes/btsdut/le-classement-2020-des-meilleurs-iut-de-france.html.

附录一　德国和法国优质职业学校专业及排名

附录二　部分专有名词对应的外文（外文略缩语）

　　本书中涉及很多关于德国和法国职业教育领域的工作机构名称、法律法规名称、证书名称等专有名词，本书对其相应的外文（外文略缩语）进行了整理，通过扫码可以阅读相关资料。

参考文献

一、中文图书

1. 冯晋祥：《中外高等职业技术教育比较》，高等教育出版社 2002 年版。

2. 孙晓蕾：《我国高等职业教育经费投入现状及对策分析》，哈尔滨师范大学出版社 2011 年版。

3. 王善迈：《教育经济学概论》，北京师范大学出版社 1995 年版。

4. 杨进：《中国职业教育发展报告 2015 年》，高等教育出版社 2016 年版。

5. 曾满超：《教育政策的经济分析》，人民教育出版社 2000 年版。

二、中文论文

1. 陈丽、郑勤华、谢浩、沈欣忆：《国际视野下的中国资历框架研究》，载《现代远程教育研究》，2013 年第 4 期。

2. 陈梦迁：《发达国家职业教育立法基本原则研究》，载《职业技术教育》，2007 年第 28 期。

3. 陈尚、唐斌：《我国高等职业教育经费投入现状及对策》，载《职业教育研究》，2008 年第 10 期。

4. 韩永强:《职业教育经费投入及其国际化比较》,载《职业技术教育》,2014 年第 10 期。

5. 胡永东:《德国职业教育的经费模式》,载《中国职业技术教育》,1996 年第 5 期。

6. 黄日强:《德国职业教育经费的主要来源》,载《职业与成人教育》,2006 年第 10 期。

7. 吉多智:《关于发展高等职业教育问题的几点思考》,载《东北财经大学学报》,2000 年第 4 期。

8. 姜大源、刘立新译:《德国联邦职业教育法》,载《中国职业技术教育(综合版)》,2005 年第 11 期。

9. 姜大源、王泽荣、吴全全、陈东:《当代世界职业教育发展趋势研究——现象与规律》,载《中国职业技术教育》,2012 年第 18 期。

10. 李丰桐:《法国高等职业教育特点及启示》,载《中国成人教育》,2011 年第 11 期。

11. 李华玲:《基于"责任政府"的职业教育经费投入问题探析》,载《职教论坛》,2014 年第 10 期。

12. 凌飞鸿:《中德国高等职业教育政策的比较研究》,载《法制与社会》,2016 年第 29 期。

13. 刘海蓉:《德国职业教育教师队伍建设与启示》,载《天津电大学报》,2012 年第 1 期。

14. 马庆发:《德国高等职业教育面面观》,载《外国教育资料》,1998 年第 3 期。

15. 上海教科院课题组:《部分国家和地区中等职业教育分流情况》,载《教育发展研究》,2009 年第 23 期。

16. 孙进、皮国萃:《新世纪高等教育人才培养的目标:基于英、德、加三国国家资格框架的分析》,载《比较教育研究》,2011 年第 1 期。

17. 孙琳:《从德国职业教育报告看职教科研为教育决策咨

询服务的功能》，载《中国职业技术教育》，2002 年第 22 期。

18. 田志磊等：《改革开放四十年职业教育财政回顾与展望》，载《教育经济评论》，2018 年第 6 期。

19. 王平凤、张良清：《法律：德英法等国筹措职业教育经费的重要手段》，载《成人教育》，2009 年第 11 期。

20. 吴雪萍、郝人缘：《欧洲国家资格框架：演变、特点与启示》，载《教育研究》，2016 年第 9 期。

21. 谢莉花：《德国国家资格框架中资格标准的构建分析》，载《教育研究》，2016 年第 11 期。

22. 杨琳、郭扬：《发达国家职业教育经费投入模式比较和启示》，载《职教论坛》，2015 年第 4 期。

23. 于安：《德国的依法行政原则及其宪法基础》，载《法学》，1998 年第 11 期。

24. 张燕：《职业教育与普通高等教育的衔接：发达国家职业教育的问题与挑战》，载《教育与职业》，2013 年第 1 期。

25. 赵亚平、王梅、安蓉：《德国终身学习国家资格框架研究》，载《职业技术教育》，2015 年第 31 期。

26. 郑也夫：《德国教育与早分流之利弊》，载《清华大学教育研究》，2012 年第 6 期。

三、外文图书

1. Allais Stephanie，*The Implementation and Impact of National Qualifications Framework*：*Report of A Study in 16 Countries*，Geneva：International Labour Office，2010.

2. Azzoni Luca，*TVET and Skills Development in EU Development Cooperation 2013*，European Commission，December 2013.

3. Ballion R.，"*Les Fonctions sociales de l'enseignement privé*"，Rapport de recherche CNRS，1978.

4. Bergeron Philippe, *Report on the Assessment of Strengths and Drawbacks of the German versus UK VET（vocational Education and Training）Systems*, German Academic Institute, December 2010.

5. BIBB, *Facts, figures and data on vocational education and training*, BIBB, 2016（21）.

6. Bommensath Maurice, *Secrets de réussite de l'entreprise allemande*, Paris: les editions d'Organization, 1991.

7. Bourdieu P & Passeron J C., *Les Héritiers, les étudiants et la culture*, Paris: Ed. de Minuit.1964.

8. Bourdieu P. et Passeron J.-C., *La Reproduction, éléments pour une théorie du système d'enseignement*, France: Editions de Minuit, 1970.

9. CEDEFOP, *Analysis and Overview of National qualifications framework developments in European countries. Annual report 2012*, CEDEFOP, 2013.

10. CEDEFOP, *France. VET in Europe - Country Report 2010*, CEDEFOP, 2010.

11. Coleman J. & al., *Equality of educational opportunity*, Washington: Department of Health, Education and Welfare, 1966.

12. Dieter Euler, *Germany's dual vocational training system: a model for other countries?* Bertelsmann Stiftung, 2013.

13. EC, *Education and Training Monitor 2019: Germany*, Luxembourg: Publications Office of the European Union, 2019.

14. Elchanan Cohn, *The Economics Education*, Pergamon（first published 1972）, 1990.

15. France Compétences, *Le financement et les effectifs de l'apprentissage, données 2017*, France Compétences, 2018.

16. Friedman M., *The Role of Government in Education*, by Milton Friedman, From Economics and the Public Interest, Ed. Robert A.

参考文献

Solo，1955.

17. Hippach-Schneider Ute，Krause Marina and Woll Christian，*La formation et l'enseignement professionnels en Allemagne*，CEDEFOP，2007.

18. Lembre Stephane，*Histoire de l'enseignement technique*，la decouverte，2016.

19. MENJS，*Repères et références statistiques: enseignements, formation, recherche 2021*，MENJS，2021.

20. MENJS，*Transformer le lycée professionnel——Former les talents aux métiers de demain*，MENJS，2018.

21. OECD，"*Learning for jobs*"，*Journal of vocational education*，OECD，2007.

22. OECD，*Education at a glance 2019*，OECD，2019.

23. OECD，*Education Policy Outlook: Germany*，OECD，2020.

24. Prost Antoine，*La formation des maitres 1940-2010*，PUR，2014.

25. Torsten Husen，*Social background and educational career: research perspectives on equality of educational opportunity*，Paris: OECD，1972.

26. Zhao Changxing，*Enseignement non-gouvernemental en Chine: ses enjeux sociaux*，Harmattan，2010.

四、外文期刊论文

1. Affichard J.，"Nomenclatures training and practices classification"，*Training Jobs*，1983（4）.

2. BMBF，"*Report on vocational education and training 2019*"，BMMF，2019.

3. Boudon Raymond，"Éducation et mobilité"．in *Sociologie et*

sociétés, Volume 5, n° 1, mai 1973.

4. Bouyx B., "The social partners and professional advisory committees", in: Bentabet E., Kirsch J -L. & Stefani S. (Eds) .*Social partnership in vocational training in France*, Céreq RELIEF, 6/2005.

5. Brucy Guy, "L'enseignement technique et professionnel français: Histoire et politiques", *Cahiers de la recherche sur l'éducation et les savoirs*, 4/2005.

6. CEDEFOP, "Une histoire de la formation professionnel en Europe, de la divergence à la convergence", *la Revue européenne sur la formation professionnelle*, No.32, 2004.

7. European Commission, "Administration and Governance at Central and/or Regional Level, Germany", *EACEA national policies platform*. 26 november 2019.

8. Eurydice, "France: Organisation et structure du système éducatif", *European Commission*.Octobre 2017.

9. Glaesser Judith and Barry Cooper, "Selectivity and Flexibility in the German Secondary School system: a Configurational Analysis of Recent Data from the German Socio–economic Panel", *European Sociological Review*, Volume 27, Issue 5, October 2011.

10. Kergoat Priska et Capdevielle–Mougnibas Valerie, "Les formations par apprentissage: un domaine de recherche à developper", *la Revue francaise de Pedagogue*, 2013, (183).

11. Lasserre René , "Le partenariat contractuel allemand à l'épreuve des corporatismes catégoriels", *Regards sur l'économie allemande*, 118 (2015).

12. Ozer M. and Perc M., "Dreams and realities of school tracking and vocational education". *Palgrave Communications*, 2020, 6(34).

13. Paul Lengrand, "Introduction àl'éducation permanente",

参考文献

UNESCO，1972.

14. Pfeuffer Andreas et Schultheis Franz，"Quelques particula-rités allemandes dans la représentation statistique du monde social"，*Dans Sociétés contemporaines*，2002，1（2）.

15. Sroka Wendelin，Abs Joseph et Stecher Ludwig，"Que savent les éléves en Allemagne ? "，*Revue international d'education de Sèvres.* 12/2006.

16. Troger V.，"L'histoire de l'enseignement technique：entre les entreprises et l'Etat"，la recherche d'une identité"，*Histoire，économie & société* ，1989，8（4）.

17. UNESCO，"Technical and Vocational Education and Train-ing：A Vision for the Twenty-first Century"，*UNESCO*，1999.

18. UIS，"Share of all students in upper secondary education en-rolled in vocational programmes"，*UNESCO*，2019.

19. Young M.，"National Qualifications Frameworks as a Global Phenomenon：a comparative perspective"，*Journal of Education and Work*，2003，16（3）.

后 记

出版本书是我的夙愿。多年来，我一直关注德法两国职业教育发展。德国职业教育中的社会实践比重大，为工业发展提供了优质技术工人；法国职业教育中的系统理论知识传授多，青年劳动者的综合能力和工作效率出色。两国对当今的世界职业教育的发展与走向有一定的启示与借鉴意义。经过艰辛写作，今天终于能与读者分享我对德法两国职业教育的一些思考和感悟。

本书是我在主持的教育部职业技术教育中心研究所 2017 年度公益基金课题"德法两大职业教育体系的不同特点以及对完善我国职业教育政策的启示"的基础上撰写的。我的课题组研究团队包括钱吉奎、姚莉娜、张晶晶、朱铁壁、周莉等人，他们为课题的完成付出了努力，课题的研究成果是本书的重要学术源泉，在此，对团队所有成员表示感谢。我要特别感谢天津中德应用技术大学的姚莉娜及其同事对课题的德国职业教育部分的贡献。我虽然通晓英文和法文，但基本不懂德文，姚莉娜及其同事确保了课题有关德国部分的学术质量。

我虽然曾经长期在欧洲工作，对德法两国职业教育优势有一定认识，但对形成各自优势的内源动力还缺少系统研究和分析。这是未来两国职业教育比较研究要进一步努力的方向。希望在不远的将来能够为读者呈上这方面的成果。

赵长兴

2021 年 6 月 22 日于北京后海